Von der Marmeladenfabrik zur internationalen Gruppe

1926 war die Geburtsstunde des **SCHWARTAUER** Markenzeichens. Unter dieser Dachmarke wurden 1927 die Firmen **„SCHWARTAUER Honig-werke** und **Zuckerraffinerie AG“,** die **„Lübecker Marzipan- und Backmassenfabrik“** und die **„Lübecker Pralinen- und Konfitürenfabrik“** zu der **SCHWARTAUER WERKE AG** verbunden.
Der Blick von Bad Schwartau auf die Lübecker Silhouette mit den 7 Türmen in unserem Zeichen sollen symbolisch die Verbundenheit mit der jahrhundertealten Tradition der Hansestadt Lübeck zum Ausdruck bringen. Heute trägt das Markenzeichen mit den 7 Türmen die Botschaft der **SCHWARTAU** Markenartikel in viele Länder.
Die Marke **SCHWARTAU** ist unlösbar mit der Vorstellung qualitativ hochwertiger Nahrungsmittel verbunden.

Unsere Brotaufstriche, Back- und Dekorartikel, CORNY Müsli-Riegel und Frucht-Desserts beanspruchen führende Marktpositionen. Sie verdienen sich ihren hervorragenden Ruf durch zuverlässige Qualität und die ständige Erneuerung des Sortiments.

Seit 1995 sind die **Schwartauer Werke** an der international tätigen Hero AG/Schweiz beteiligt, um Synergie-Effekte zu nutzen und weitere Erfolge für die Zukunft auch auf internationalen Märkten zu sichern.

SCHWARTAU Feine Marzipan Rohmasse wird aus süßen Mandeln und höchstens 35 % Zucker hergestellt. Sie hat einen kräftigen Mandelgeschmack und eignet sich hervorragend zum Bereiten von Konfekt, Marzipankartoffeln und Plätzchen, aber auch zum Modellieren.
Die Feine Marzipan Rohmasse wird besonders geschmeidig, wenn sie mit Puderzucker angewirkt wird, d.h. zwei Teile Rohmasse und ein Teil Puderzucker.
Weitere Verwendung findet die Rohmasse als Füllung, Überzug oder als Zugabe zum Teig.
Feine Marzipan Rohmasse ist in einer 200 g Schachtel erhältlich.

Haselnußmark, Kakaomasse, Zucker und Kakaobutter sind die Bestandteile, aus denen das **SCHWARTAU Nußnougat** hergestellt wird. Im kalten Zustand ist es schnittfest und daher hervorragend geeignet daraus Konfekt, Nougatwürfel oder Garnierungen zu kreieren. Die praktische 200 g-Schachtel kann aber auch direkt im Wasserbad erwärmt werden (max. 50°C). Cremig-flüssiges Nußnougat wird für Tortenfüllungen, Sahnemischungen und zum Überziehen von Gebäck eingesetzt.

SCHWARTAU Vollmilch-Kuvertüre, Halbbitter-Kuvertüre und **Weiße Kuvertüre** sind hochwertige Schokoladenprodukte, deren Kakaobuttergehalt bei mind. 30 % liegt. Sie werden in leicht portionierbaren 150 g-Blöcken angeboten. Sie eignen sich hervorragend zum Überziehen von Kuchen und Gebäck, aber auch für Trinkschokolade und Mousse au Chocolat. Um Kuvertüre-Überzügen einen besonderen Glanz zu verleihen, läßt man die Kuvertüre nach dem ersten Verflüssigen erkalten und erwärmt sie dann erneut.

SCHWARTAU Kuchenglasuren sind in vier verschiedenen Geschmacksrichtungen erhältlich. Die **SCHWARTAU Kuchenglasuren dunkel** und **Vollmilch** enthalten Kakao und schmecken daher schokoladig. Im Unterschied zur Kuchenglasur dunkel wird bei Vollmilch zusätzlich Vollmilchpulver eingesetzt, um einen Vollmilch-Geschmack zu erzielen. Die **SCHWARTAU Kuchenglasur Haselnuß** erhält ihren kräftigen Nußgeschmack durch den Einsatz gerösteter Haselnußkerne. Der **SCHWARTAU Kuchenglasur Zitrone** werden Zitronengeschmacksstoffe beigefügt, so daß sie sich durch einen fruchtig-frischen Geschmack auszeichnet. Der 100g-Standbeutel kann problemlos im Wasserbad oder der Mikrowelle verflüssigt werden. Die Glasuren können direkt aus dem Beutel auf das Gebäck aufgetragen werden.

SCHWARTAU Süße Mandeln und **Haselnüsse** werden aus ausgesuchten Provenienzen bezogen. Süße Mandeln werden in den Varianten gemahlen, gehackt, gehobelt und gesplittert angeboten. Haselnüsse sind gemahlen und gehackt erhältlich. Alle Produkte werden jeweils in attraktiv gestalteten 100g-Beuteln angeboten.

SCHWARTAU Pistazien werden gehackt und dann lichtgeschützt in 25g-Beuteln verpackt, um ihre grüne Farbe zu erhalten. Sie eignen sich aufgrund ihres feinen nussigen Geschmacks besonders zur Dekoration von Torten, Eis und Desserts. Pistazien werden mehr und mehr auch in der pikanten Küche z.B. für Wurstsalate oder Käsecremes eingesetzt.

SCHWARTAU Haselnuß Krokant besteht ausschließlich aus gehackten und mit Puderzucker gerösteten Haselnüssen. Die klassische Verwendung dieses Produktes ist die Dekoration des Frankfurter Kranzes. Haselnuß Krokant wird in 100g Vakuumpackungen angeboten.

SCHWARTAU Citro-back und **Orange-back** werden wie geriebene Schalen von ungespritzten Zitronen bzw. Orangen verwendet. Als Convenience-Produkte aromatisieren und verfeinern sie schnell und einfach Teige für Gebäck, Cremes und andere Süßspeisen.
SCHWARTAU bietet beide Produkte in einer Doppelbeutel-Verpackung an (zwei Beutel á 5g), wobei ein Beutel jeweils der geriebenen Schale einer Zitrone bzw. Orange entspricht.
SCHWARTAU Rum-back besteht aus einer Mischung besonders hocharomatischer Jamaica-Rumsorten, wodurch sein feines Aroma auch nach dem Backvorgang erhalten bleibt.
Hergestellt aus original Schwarzwälder Kirschwasser eignet sich **SCHWARTAU Kirschwasser-back** aufgrund seines Aromas hervorragend zur Herstellung von Schwarzwälder Kirschtorte.
SCHWARTAU Rum-back und **Kirschwasser-back** werden jeweils in einem Doppelbeutel mit 2 x 8 ml angeboten.

Alle hier abgebildeten Produkte zählen zur Gruppe der kandierten Früchte. **SCHWARTAU Sukkade** (Zitronat) wird aus der fleischigen Schale der Zedratfrucht gewonnen, die **SCHWARTAU** hauptsächlich aus Italien oder Puerto Rico bezieht.

SCHWARTAU Echte Belegkirschen werden in zwei verschiedenen Sorten (rot bzw. bunt) in Bechern á 50g angeboten. Es sind vornehmlich Dekorartikel, die für Gebäck, Torten - insbesondere für die Schwarzwälder Kirschtorte - oder Desserts benutzt werden.

Für das **SCHWARTAU Orangeat** wird ausschließlich die kandierte und gewürfelte Schale bitterer Orangen verwendet. Beide, Sukkade und Orangeat, werden hauptsächlich in der Weihnachtsbäckerei eingesetzt.

Beim **SCHWARTAU Früchte-Mix** handelt es sich um eine backfertige Mischung aus gewürfelter Sukkade, Orangeat, kandierten Kirschen und Melonen. Nachdem die Einzelbestandteile gut vermischt wurden, wird Früchte-Mix in 100g Becher (gleiches gilt für Sukkade und Orangeat) abgefüllt. Früchte-Mix eignet sich bestens für Stollen, English Cake oder Königskuchen.

SCHWARTAU Mohn-back ist eine backfertige Mohn-Füllung aus feinstem gequetschten Blaumohn, Milchbestandteilen, Zucker und anderen hochwertigen Zutaten. Die Arbeitsschritte Mahlen, Brühen und Quellenlassen des Mohns entfallen. Mohn-back kann ohne weitere Arbeit als Füllung oder Belag eingesetzt werden. Ein Beutel Mohn-back enthält 250g. Diese Menge ist ausreichend als Belag für eine Springform oder ein halbes Kuchenblech.

Auch **SCHWARTAU Rum-Rosinen** im 125g Standbeutel sind ein Convenience-Produkt. Hergestellt aus ungeschwefelten Rosinen, die in Jamaika-Rum eingelegt werden, eignen sich **SCHWARTAU Rum-Rosinen** besonders gut für Apfelkuchen und Strudel. Aber auch vielen Desserts geben sie eine feine Note.

SCHWARTAU Raspelschokolade Zartbitter und **Vollmilch** werden aus hochwertigen Kakaobestandteilen sowie Zucker hergestellt. Raspelschokolade Zartbitter enthält mindestens 50%, Raspelschokolade Vollmilch mindestens 30% Kakaobestandteile.
Beide Produkte eignen sich ausgezeichnet zum Einbacken in Teige und zur Dekoration von Süßspeisen. Jede Schachtel enthält 100g.

Für **SCHWARTAU Mocca-Bohnen** wird Zartbitter-Schokolade in eine Kaffeebohnen-Form gegossen. Anschließend werden die Bohnen in einer Dragiertrommel geglänzt. Mocca-Bohnen werden in 75g Schachteln mit Innenbeutel angeboten und sind ein beliebter Dekorartikel; vor allem natürlich für Mocca-Torten. Ebenso gern werden sie einfach auch nur genascht.
Zum Einbacken von großen Zartbitter-Schokoladen-Tropfen in Kuchen gibt es die **SCHWARTAU Schoko Tröpfchen.** Sie behalten während des Backens ihre Form und geben dem Kuchen einen kräftigen schokoladigen Biß. Schoko Tröpfchen werden zu 75g in Faltschachteln mit Innenbeutel verpackt.

Bei **SCHWARTAU Dekor Schoko Borke** handelt es sich um ein aus reiner Schokoladenmasse hergestelltes Produkt. Durch die feine Kräuselung ist die Dekor Schoko Borke wunderbar leicht und gut zum Dekorieren von Desserts, Sahne oder Torten geeignet. 16 Stücke (4 Barren á 4 Stück) sind in einem Tiefzieheinsatz in einer Schachtel sorgfältig verpackt.

SCHWARTAU Schoko Dekor Blätter - die Klassiker im **SCHWARTAU** Dekor-Sortiment gibt es in zwei Geschmacksrichtungen: Zartbitter und Weiße Schokolade. Sie werden aus Halbbitter-Kuvertüre bzw. aus weißer Schokolade in die vorgefertigten Formen gegossen. In einer Schachtel sind jeweils 48 Stück enthalten, dabei entfallen jeweils 16 Stück auf jede der drei unterschiedlichen Blatt-Formen.

Mit **SCHWARTAU Schoko Dekor Herzen** lassen sich nach Herzenslust Gebäcke, Desserts oder Eis dekorieren. Sie werden in einer Kombi-Packung angeboten, denn jede Packung enthält 40 Herzen aus Zartbitter- und 20 Herzen aus weißer Schokolade.

SCHWARTAU Schoko Alphabet & Ziffern sind die ideale Ergänzung des Dekor-Sortiments. Die 56 Buchstaben und 19 Ziffern, gegossen aus Halbbitter-Kuvertüre mit einem Kakaoanteil von mindestens 50%, eignen sich hervorragend zum individuellen Verzieren.

SCHWARTAU Dekor-Taler Happy Birthday sind ein hochwertiges, anlaßbezogenes Dekor-Produkt aus feinster Vollmilch-Schokolade. Die Besonderheit der Dekor-Taler ist das erhabene Relief aus weißer Schokolade. Eine Schachtel enthält 12 kleine und einen großen Dekor Taler und bietet eine komplette Dekoration, um schnell und unkompliziert Geburtstagstorten der besonderen Art zu zaubern.

SCHWARTAU Schokoladen Streusel und **Schoko-Blättchen** werden aus Kuvertüre und Zucker hergestellt. Durch ein besonderes Herstellungsverfahren, daß mit einem Dragiervorgang abgeschlossen wird, erhalten Streusel und Blättchen ihren Glanz und ihre Knackigkeit.

SCHWARTAU Zucker Streusel bunt werden hingegen aus Fondant und Zucker hergestellt und erhalten ihre Farbigkeit durch Auftrag einer dünnen bunten Zuckerschicht auf den weißen Streusel, wobei zum Färben ausschließlich Pflanzensäfte und -extrakte eingesetzt werden.
Alle drei Produkte werden in einer 100g-Schachtel angeboten, die Schoko-Blättchen zusätzlich in einer 175g Streu-Dose. Sie sind alle drei beliebte Dekorprodukte für Eisbecher, Puddings und alle anderen Desserts. Schokoladen Streusel werden aber auch einfach gern auf das Frühstücksbrot gestreut.

SCHWARTAU Schoko Dessert-Dekor beinhaltet 32 filigrane Dekor-Ornamente aus Zartbitter-Schokolade. Effektvoll arrangiert schmücken die Ornamente alle Desserts; sind jedoch auch zur festlichen Dekoration von Torten und Gebäcken hervorragend geeignet.

SCHWARTAU Schoko Dekor Flocinos - ein zartschmelzender Genuß aus feiner Zartbitter-Schokolade - sind luftig-zarte Röllchen und eine exquisite Dekoration für Torten, Kuchen und Desserts.
100g sind in einer Schachtel mit Innenbeutel enthalten.

Zum liebevollen Verzieren von Torten, Gebäck oder Desserts eignen sich **SCHWARTAU Zuckerblümchen.** Diese werden aus Schaumzucker hergestellt und mit Pflanzensäften und -extrakten gefärbt. Eine Schachtel enthält 32 Zuckerblümchen.

Auch **SCHWARTAU Zuckerpuppen** sind originelle und fröhliche Dekorationen aus bunt gefärbtem Zuckerguß für Torten, Gebäck und Desserts. Besonders Kinder lieben die bunten Gesichter, mit denen sich im Nu eine lustige Torte für einen Kindergeburtstag zaubern läßt. Eine Schachtel enthält 9 verschiedene Zuckerpuppen.

Das Dekorieren von Plätzchen und Kuchen mit dem **SCHWARTAU Gebäck-Schmuck** macht Kindern großen Spaß. Die knusperzarte Mischung aus vier verschiedenen Dragees und Zuckerperlen ist in Klarsichtröhrchen á 25g verpackt.

Am besten haften alle drei **SCHWARTAU** Produkte auf Kuchenglasuren oder Kuvertüre-Überzügen. Sahne, Süßspeisen oder Eis sollten erst kurz vor dem Servieren dekoriert werden.

SCHWARTAU Marzipan Dinos und **Marzipan Bären** sind fröhlich-lustige Dekorartikel aus angewirktem Marzipan, wobei es sich bei beiden Produkten um Halbrelief-Figuren handelt. Bei den Marzipan Dinos ist das Marzipan in Rosa, Gelb und Grün durchgefärbt, wogegen die Marzipan Bären nur äußerlich mit Farbe besprüht werden. Dadurch kann pro Figur mit zwei oder mehr Farben gearbeitet werden. Marzipan Dinos und Marzipan Bären sind hervorragend zur Dekoration von kindgerechten Gebäcken geeignet, wobei Liebhaber dieser Produkte mit Sicherheit nicht nur unter Kindern zu finden sind. Jede Packung enthält 12 Dinos bzw. Bären.

SCHWARTAU Bunte Dekor Clowns sind ein speziell für Kinder entwickeltes Dekorprodukt.
Es eignet sich hervorragend für die fröhliche Dekoration von Torten, Kuchen und Desserts.

Drei unterschiedliche Clowngesichter in den Farben Rot, Gelb und Grün sind in einer Packung mit insgesamt 36 Stück enthalten. Das Besondere an dem Artikel Bunte Dekor Clowns ist, daß es sich um ein Produkt aus gefärbter weißer Schokolade handelt.

Mit **SCHWARTAU Schoko Dekor Zoo** lassen sich Torten, Kuchen und Desserts auf phantasievolle und fröhliche Weise verzieren. Besonders Kinder sind von den Bären, Elefanten und Löwen begeistert. Eine Packung enthält 36 Stück; jedes Tier ist mit einer Anzahl von 12 Stück vertreten.

SCHWARTAU Feine Dekor Rosen sind ein hochwertiger Dekorartikel aus weichem Schaumzucker; bestehend aus dreidimensional geformten Rosenblüten und dazu passenden Blätter. Zart und filigran in der Optik, weich im Biß.
Mit Feine Dekor Rosen ist für jeden Selbst-bäcker eine festlich-feine Dekoration von Torten oder anderen Gebäcken schnell und einfach zu bewerkstelligen.
Das arbeits- und zeitintensive Modellieren von Rosen aus z.B. Marzipanmasse, das zudem ein gewisses handwerkliches Geschick erfordert, entfällt. Jede Packung enthält 6 Rosen plus 12 Blätter.

SCHWARTAU Dekor Schnee ist ein Gemisch aus Zucker, Traubenzucker und Stärke, das mit einem Spezialfett überzogen wird. Durch dieses Verfahren wird der Zucker feuchtigkeitsabweisend und bleibt dadurch streufähig. Dargereicht in einer praktischen Streudose mit 100g Inhalt ist Dekor Schnee äußerst einfach zum Bestäuben von Gebäck einzusetzen.

Die SCHWARTAU Zuckerschrift ist eine Zucker-Fondant-Creme, die in den Farben Grün, Rot, Braun und Gelb angeboten wird. Durch die Verpackung in Tuben, die wie ein Schreiber geführt werden können, kann Zuckerschrift zum individuellen Beschriften und Verzieren von Gebäck und Torten verwandt werden. Es sollte darauf geachtet werden, daß die Zuckerschrift nur auf trockenen Oberflächen aufgetragen wird, da sie sonst zerläuft. Die Handhabung wird erleichtert, wenn die Tube vor Gebrauch in fließend warmes Wasser gehalten wird.
Beide Produkte sind jeweils in einer Schachtel mit 4 Tuben in den oben angeführten Farben erhältlich.

Bei den SCHWARTAU 4 Back & Speisefarben handelt es sich um eine Zuckercreme in den Farben Rot, Gelb, Blau und Grün.

Verpackt in handlichen Tuben können die 4 Back & Speisefarben zum Einfärben von Zuckerguß, Cremes, Marzipan Rohmasse, Teigen und vielem mehr eingesetzt werden.

SCHWARTAU

SCHWARTAU EXTRA ist ein hochwertiges Spitzenerzeugniss, das für den anspruchsvollen und qualtitätsbewußten Verbraucher bestimmt sind. Das Herstelverfahren wurde aufgrund langjähriger Vorarbeiten von uns entwickelt. Die qualitative Überlegenheit und damit der Markenerfolg von

SCHWARTAU EXTRA gegenüber allen anderen Konfitüren ergibt sich aus der Verwendung besonders ausgewählter Früchte und aus den produktspezifisch abgestimmten außerordentlich schonenden Herstellverfahren, bei denen alle Verluste an Aroma und natürlichen Inhaltsstoffen der Früchte weitgehend vermieden werden.

SCHWARTAU EXTRA gibt es im unverwechselbaren X-förmigen Hochglas mit dem attraktiven Früchtedeckel sowohl in 450g Gläsern

Erdbeeren
Kirschen
Himbeeren
Schwarze Johannisbeeren
Aprikosen
Holsteiner Pflaumenmus
Orangen
Himbeer-Johannisbeer-Gelee
Brombeeren/Boysbeeren
Ananas
Stachelbeeren
Rote Johannisbeeren
Waldfrucht
Wildbeeren-Gelee
Heidelbeeren
3-Beeren, kernlos
Hagenbutte
Vitamin-Frühstück

als auch in 225g Gläsern:

Erdbeeren
Kirschen
Himbeeren
Aprikosen
Holsteiner Pflaumenmus

SCHWARTAU Spezialitäten stellen vollaromatische Frucht-Kompositionen dar, deren harmonische Kombination exklusiver Früchte diesen Konfitüren die besondere Geschmacksnote verleiht. Im Gegensatz zur **SCHWARTAU EXTRA Konfitüre** werden diese Spezialitäten in Dosen abgefüllt, die in der Art ihrer Ausstattung den besonderen Charakter dieser Erzeugnisse deutlich hervorheben. Diese Dosen sind luftdicht verschlossen und können durch Aufreißen eines Spezial-Verschlusses mühelos geöffnet werden.
In folgenden Sorten sind die **SCHWARTAU Spezialtitäten** erhältlich:

Wildpreiselbeeren
Schwarzkirsch-Konfitüre
Pflaumenmus
Bittere Orangen-Marmelade
Großmutter's Holunder
Erdbeer-Rhabarber-Konfitüre
Herrenkonfitüre

In enger Zusammenarbeit mit dem Haus **MÖVENPICK** hat **SCHWARTAU** mit dem **MÖVENPICK Gourmet-Frühstück** einen süßen Brotaufstrich geschaffen, der sich durch einen hohen Anteil an Früchten ausgesuchter Provenzienzen und durch eine extra weiche Konsistenz auszeichnet.

Ein Geschmackserlebnis, welches nicht nur auf dem Frühstücksbrötchen genossen werden kann, sondern auch zu Quark, Joghurt, Müsli, Saucen, Pfannkuchen, Eis und anderen feinen Desserts, überall in der Küche, wo feinste Zutaten gefragt sind.

MÖVENPICK Gourmet-Frühstück wird in folgenden Varianten angeboten:

Erdbeeren
Himbeeren
Aprikosen
Schwarze Johannisbeeren
Kirschen
Pink Grapefruit
Waldfrucht
Pflaumen

SCHWARTAU
Diät-Fruchtzucker-Konfitüre
ist ein mit besonders viel Fruchtgeschmack. Sie wurde speziell für die Diabetes-Diät, aber auch für Verbraucher, die bei ihrer täglichen Kost besonders auf Kalorien und natürliche Produkte achten, entwickelt. Die Diät-Fruchtzucker-Konfitüre enthält weniger Kalorien als normale Konfitüre und zum Süßen wird ausschließlich reiner Fruchtzucker verwendet, der in begrenzten Mengen zur Verarbeitung im Körper kein Insulin benötigt.

Für die Herstellung der **SCHWARTAU Diät-Fruchtzucker-Konfitüre** werden nur auserlesene erntefrische oder bei der Ernte eingefrorenen Früchte verarbeitet. Sie werden besonders schonend behandelt, um die natürlichen Inhaltsstoffe und den vollfruchtigen Geschmack zu erhalten.

SCHWARTAU
Diät-Fruchtzucker-Konfitüre
ist erhältlich im 225g Glas in den Sorten:

Erdbeeren
Kirschen
Aprikosen
Schwarze Johannisbeeren
Waldfrucht
Diät-Pflaumenmus gewürzt
Waldbeeren-Gelee

SCHWARTAU

SCHWARTAU Gelee
nach Hausfrauenart ist eine Produktreihe besonders hochwertiger Gelees, die auf dem Markt ihresgleichen sucht.

Dabei wird der Saft hocharomatischer Früchte in besonders schonender Weise abgepreßt und entweder frisch verarbeitet oder tiefgefrostet. Neben reinen Fruchtgelees gibt es auch drei Varianten, die ihre Besonderheit durch das feine Abschmecken mit passenden Alkoholsorten erlangen.

SCHWARTAU Gelee
nach Hausfrauenart ist im Handel in folgenden Varietäten erhältlich:

Himbeeren
Brombeeren
Rote Johannisbeeren
Schwarze Johannisbeeren
Quitten
Erdbeer/Sherry
Apfel/Calvados
Cassis/Marc de Champagne

SCHWARTAU Premiere
ist eine echte Innovation - der erste Fruchtaufstrich im Kühlregal. Durch ein neu entwickeltes Herstellverfahren ist es gelungen, das feine Fruchtaroma in einer Weise zu bewahren, die wir bislang für nicht erreichbar hielten.
Wichtig und unverzichtbar für das "Aroma-Safe-Verfahren" ist die lückenlose Kühlung zwischen Herstellung und Verzehr.

Drei Faktoren machen **SCHWARTAU Premiere** demnach so unvergleichlich: das neue, **SCHWARTAU**-eigene Herstellverfahren, die Verwendung von Premium-Früchten, die Kühlung zwischen Herstellung und Verzehr

SCHWARTAU Premiere
ist erhältlich in den Sorten:

Erdbeeren
Himbeeren
Kirschen
Aprikosen
Waldfrucht

SCHWARTAU Dessert Saucen sind gebrauchsfertige Saucen zur Krönung feiner Nachspeisen wie Eis, Birne Helene, Cremes, Puddings, Früchte-Bechern, Quark- und Joghurtspeisen, aber auch für den Konder-Griesbrei und für Milch-Mixgetränke. Sie sind frei von künstlichen Farb- und Konservierungsstoffen und in der originalverschlossenen Flasche praktisch unbegrenzt haltbar. Vor Gebrauch sind die Flaschen zu schütteln, und nach Anbruch sollten sie gut verschlossen im Kühlschrank aufbewahrt werden.
SCHWARTAU Dessert Saucen gibt es in den Sorten Sahnesauce (Vanillegeschmack), Himbeersauce, Kirschensauce, Erdbeersauce, Schokoladensauce und Wildbeerensauce. Die Fruchtsorten werden aus den besten tiefgefrorenen Früchten hergestellt. Die Schokoladensauce wird aus hochwertigem Kakao- und Milchbestandteilen zubereitet.
Die Sahnesauce enthält Milch- und Sahnebestandteile sowie fein abgestimmte Aromen und wird in einem Spezialverfahren haltbar gemacht.

Wackelpeter-Gourmet
Eine Packung Götterspeise nach Packungsanleitung zubereiten, in eine flache Form gießen. Nach dem Erstarren durch kurzes Eintauchen des Gefäßes in heißes Wasser lösen, mit heißem Messer in Würfel schneiden, in Schälchen anrichten und mit einem Schuß **SCHWARTAU Sahnesauce** servieren.

SCHWARTAU Eis Wunder ist eine kakaohaltige Fettglasur, die zu einer knusperzarten leckeren Kruste wird, wenn Sie Eis damit dekorieren.

SCHWARTAU Rote Grütze gibt es in zwei Geschmacksvarianten. Erstens die Rote Grüze nach Hausfrauenart - mit ganzen Früchten. Es handelt sich um eine rote, fließfähige Grütze mit Sauerkirschen, roten und schwarzen Johannisbeeren und Himbeeren. Zweitens die Rote Grütze Waldfrucht - mit ganzen Früchten. Es handelt sich um eine rotviolette, fließfähige Grütze mit Sauerkirschen, Himbeeren, Heidelbeeren, Kulturpreiselbeeren, Boysenbeeren und Brombeeren. Der Geschmack ist ebenfalls fruchtig und arttypisch. Beide Sorten sind in einem 500g Glas abgefüllt. Besonders lecker schmeckt

SCHWARTAU Rote Grütze mit der **SCHWARTAU Sahnesauce.** Im Sommer, wenn es heiß ist oder wenn es eingach mal schnell gehen soll.

SCHWARTAU

SCHWARTAU Frucht Bombe ist ein gesundes Fruchtmus mit wenig Zucker, ohne Konservierungsstoffe, ohne Farbstoffe, ohne Aromastoffe und ganz ohne Fett. Die Basis ist Apfelmus, daß entweder mit Bananen, Erdbeeren oder Pfirsichen gemischt wird. Ein 100g-Portionsbecher enthält genug Vitamin C, um den von der Deutschen Gesellschaft für Ernährung empfohlenen Tagesbedarf eines Kindes an diesem wichtigen Vitamin zu decken.

SCHWARTAU Frucht Bombe ist eine neue Zwischenmahlzeit für Kinder auf dem deutschen Markt und wird im Kühlregal angeboten. Im 4x100g Becher ist die Frucht Bombe eine Alternative zu Fruchtjoghurts und Fruchtquarks.

SCHWARTAU Frucht Bombe ist erhältlich in den folgenden Geschmacksrichtungen:

Banane-Apfel
Pfirsich-Apfel
Erdbeer-Apfel

FRUCHT BOMBE/CORNY

Die **Corny**-Qualität hängt insbesondere vom sorgfältigen Herstellungsverfahren und den hochwertigen Rohstoffen ab. Im Vergleich zu herkömmlichen Schoko-Riegeln zeichnet sich **Corny Müsli-Riegel** durch eine ernährungsphysiologisch bessere Zusammensetzung aus:
Insbesondere stehen die vielfältigen Zutaten (Getreide, Früchte, Nüsse, Joghurt, Honig etc.) in einem besonders günstigen Verhältnis zueinander. Aus dem Grunde sind **Corny Müsli-Riegel** eine leichte, leckere und nahrhafte Vollwertkost mit ausgewogener Zusammensetzung.

Neu im Sortiment ist die besonders trendgerechte Sorte **Corny fruchtig-herb** mit original USA-Cranberries. Diese Früchte sind bei uns noch wenig bekannt, aber in den USA seit Jahrhunderten beliebt. Cranberries schmecken leicht säuerlich und sind am ehesten mit Preiselbeeren zu vergleichen.
Ein weiteres aktuelles Produkt in der **Corny**-Familie ist **Corny Extra Big**: In den Sorten Schoko und nussig wird dieser extra große Müsli-Riegel, der 50 0g statt 25g Gewicht aufweist, dort angeboten, wo für den spontanen Hunger eingekauft wird: In Tankstellen, Kiosken und im Kassenbereich. **Corny Extra Big** ist die große Portion für den Hunger zwischendurch.

Der **Corny Müsli-Riegel** ist im 10er-Pack in den folgenden Sorten erhältlich:

Cocos-Crisp
For Kids
Schoko-Mandel
Nussig
Schoko-Banane
Schoko
Free
Joghurt
Fruchtig-herb

GEBÄCKE,
DIE FREUDE SCHENKEN

SCHWARTAU

GEBÄCKE,
DIE FREUDE SCHENKEN

Backrezepte für besondere Gelegenheiten

VORWORT

Jede gemütliche Kaffeerunde wird durch selbstgebackene Torten und Kuchen zu einem besonderen Ereignis.

Je attraktiver das Backwerk, um so unvergeßlicher die festliche Tafel.

Unser Backbuch zeigt Ihnen auf leicht verständliche Weise, wie Ihnen erfolgreich außergewöhnliche Gebäcke gelingen.

Mit den hochwertigen SCHWARTAU Back- und Dekor-Artikeln machen Sie Ihr Backwerk im Nu zu einer wunderschönen Kreation.

Über 80 tolle Rezepte – geordnet nach Anlässen – mit köstlichen Zutaten und bezaubernden Dekorationen haben wir zu diesem Zweck zusammengestellt.

Den Rezepten vorangestellt sind die wichtigsten Grundlagen, die Ihnen als Ausgangspunkt für eigene, phantasievolle Schöpfungen dienen können.

Achten Sie dabei auf die jeweiligen Tips und Tricks sowie Schritt-für-Schritt-Abbildungen, die bei den einzelnen Rezepten aufgeführt sind.

Alle Rezepte sind als Anregung gedacht und können je nach Lust und Laune hinsichtlich Dekorationen oder Füllung variiert werden.

Ihrer Kreativität sind keine Grenzen gesetzt. Lassen Sie sich inspirieren und überraschen Sie sich und andere mit ausgefallenen Köstlichkeiten.

Gutes Gelingen und viel Spaß beim Backen wünschen Ihnen

Ihre SCHWARTAUER WERKE

Inhalt

DER BISKUIT

Wie bei allen Teigen und Massen ist die Qualität der Zutaten wichtig. Verwenden Sie möglichst frische Eier, denn dadurch wird die Standfestigkeit des Eischnees positiv beeinflußt. Es gibt unterschiedliche Herstellungsweisen für den Biskuit, bei denen nur die Zutaten oder der Herstellungsweg leicht abgewandelt sind. Sie ergeben jedoch alle eine feine Schaummasse, die einen sehr lockeren und leichten Boden ergibt.
Der Biskuit ist eireich, mehlarm und wird meist ohne Zugabe von Fett hergestellt. Wegen seiner Leichtigkeit ist der Biskuit der Teig, der am liebsten für Obstkuchen verwendet wird.

DIE EIER UND DER ZUCKER

Das Eiweiß wird mit dem Wasser sehr steif geschlagen. Eiweiß wird leichter standfest, wenn Sie eine Prise Salz oder einige Tropfen Zitronensaft mitschlagen. Danach lassen Sie den Zucker unter weiterem Schlagen einrieseln, bis Sie eine feste Schaummasse erhalten. Als Faustregel gilt: Auf das Gewicht von einem Ei kommt die Hälfte an Zucker und die andere Hälfte an Mehl. Je feiner der Zucker, desto besser gelingt auch die Schaummasse. Dann erst wird das Eigelb unter die Masse gezogen.

DER ZUCKER UND DAS MEHL

Wenn die Schaummasse fertiggestellt ist, sollten Sie das Mehl vorsichtig unterheben. Verwenden Sie immer feines, gesiebtes Weizenmehl.

Ei trennen

Mehl und Eiweiß vorsichtig unterheben

DAS BACKPULVER

Eigentlich benötigt der Biskuit kein Backpulver, denn die Triebkraft der Eier sollte ausreichen. Wer sich jedoch nicht ganz sicher bei der Herstellung des Teiges ist, kann eine Prise Backpulver unter das Mehl geben. Dies unterstützt den Teig beim besseren Aufgehen und sorgt für eine gleichmäßigere Porung des Teiges. Da der Biskuit sehr empfindlich ist, dürfen Sie die Backofentür beim Backen auf keinen Fall in den ersten 20 Minuten öffnen - der Teig fällt dann in sich zusammen. Beim Backen sollte der Ofen grundsätzlich vorgeheizt sein, und zwar am besten 20 - 30° höher als im Rezept angegeben. Wenn Sie dann die Torte oder das Blech in den Ofen schieben, schalten sie die Temperatur auf den angegebenen Wert zurück.

Eigelb und Zucker sowie Eiweiß getrennt schaumig rühren

Vorsichtig auf ein Backblech geben oder in eine Form füllen

DAS BACKEN

Die Biskuitmasse sollte in einer mit Backpapier ausgelegten Backform gebacken werden. Sie sollten niemals den Rand der Form fetten, da der Biskuit dann nicht hochgehen kann. Das Backpapier läßt sich am einfachsten abziehen, wenn man den Boden etwa 10 Minuten nach dem Backen auf ein Gitter stürzt und das Papier mit etwas Wasser bestreicht. Nach kurzem Einwirken läßt sich das Papier ganz einfach ablösen.

DIE BISKUITROLLE

Biskuitrollenböden werden nach dem Backen auf ein mit Zucker bestreutes Geschirrtuch gelegt und nach dem Abziehen des Papiers noch warm zusammengerollt. Erst wenn die Rolle vollständig erkaltet ist, kann sie ohne Probleme gefüllt und dekoriert werden.

GRUNDREZEPT

Wasserbiskuit (Blitzbiskuit)

4 Eiweiß
4 EL Wasser
125 g Zucker
1 Pä. Vanillezucker
4 Eigelb
100 g Mehl
50 g Speisestärke
1 TL Backpulver
1 Prise Salz

1. Das Eiweiß mit dem Wasser in eine Schüssel geben und sehr steif schlagen.
2. Den Zucker unter ständigem Rühren einrieseln lassen.
3. Den Vanillezucker ebenfalls darunterschlagen und das Eigelb unterziehen.
4. Das Mehl mit der Speisestärke, dem Backpulver und dem Salz vermischen. Auf den Schaum sieben und vorsichtig unterheben.
5. Eine Form mit Backpapier auslegen. Den Teig einfüllen und im auf 180 - 200° vorgeheizten Backofen je nach Form 20 - 30 Minuten backen.

HEFETEIG

Der wohl vielseitigste Teig, den wir kennen, ist der Hefeteig. Er ist einfach herzustellen und benötigt nur wenige Zutaten: Aus den vier Hauptbestandteilen Flüssigkeit, Mehl, Salz und Hefe bereitet man den Grundteig. Das wichtigste bei diesem Teig ist: Er muß "gehen".

DIE FLÜSSIGKEIT

Für den Hefeteig wird in erster Linie Milch verwendet. Sie verleiht dem Hefeteig eine feinporige Beschaffenheit. Sie ist unentbehrlich für das Quellen von Stärke und Kleber im Mehl und ergänzt sich geschmacklich am besten mit der Hefe. Die Flüssigkeitsmenge, die man für die Herstellung des Teiges benötigt, ist wiederum abhängig von der Zugabe der Eier und des Fetts, sowie der Teigbeschaffenheit für die jeweilige Gebäckart. Neben der Milch kann man für den Hefeteig auch Butter, Sauer- oder Magermilch verwenden. Ebenso Sahne und/oder Wasser. Für feine und deftige Backwaren kann man als Geschmacksverstärker sogar Wein, Bier oder Fruchtsäfte verwenden. Bei der Verarbeitung sollten alle Zutaten die gleiche Temperatur haben, ideal sind 18 - 20° C.

DAS MEHL

Das ideale Mehl für den Hefeteig ist ein kleberreiches Mehl vom Typ 405 oder 550. Grundsätzlich aber kann man jedes andere Mehl auch verwenden.

DAS SALZ

Salz ist nicht nur als Geschmackszutat für den Hefeteig wichtig. Es unterstützt das Quellen des Mehls. Achten Sie darauf, daß Sie das Salz nicht direkt mit der Hefe verarbeiten. Salz gehört zuerst unter das Mehl gemischt, damit es das »Gehen« der Hefe nicht beeinträchtigt.

Die Hefemilch in die Mulde geben

Zu einem glatten Teig verarbeiten

DER ZUCKER

Zucker ist für die Hefe ein wichtiger Nährboden. Er fördert deren Gärvermögen und hilft bei der schnellen Vermehrung der Hefezellen. Falls in einem Rezept größere Zuckermengen angegeben werden, sollte man den Zucker zuerst unter das Mehl mischen. Für das Ansetzen eines Vorteiges sind 1 - 2 Eßlöffel ausreichend.

DAS EI

Das Ei im Hefeteig hilft, die Farbe, den Geschmack und die Porung des Teiges zu verbessern.
Das Ei bindet den Teig und gibt ihm eine weichere Konsistenz und Beschaffenheit.

Den Teig kräftig durchkneten

Abgedeckt an einen warmen Ort stellen

DAS FETT

Das Fett, ob Butter, Margarine oder Öl dient im Hefeteig als Geschmacksträger. Die Fettmenge darf ein Drittel der Mehlmenge nicht überschreiten. Bei einem höheren Fettanteil im Teig sollte die Hefemenge unbedingt erhöht werden.

DIE HEFE

Bei der Hefe kann man zwischen Frisch- und Trockenhefe wählen. Im Schnitt wird für den Hefeteig auf 500 g Mehl ein Würfel Frischhefe (ca. 40 g) oder ein Päckchen Trockenhefe verwendet. Je nach Teigbeschaffenheit sollte die Frischhefe in einem Vorteig angesetzt werden. Leichter fettarmer Teig benötigt weniger, fetter schwerer Hefeteig benötigt mehr Hefe.

Die Hefe bröckelt man in die handwarme Milch, fügt eine Prise Salz dazu und läßt das Ganze an einem warmen Ort gehen. Trockenhefe braucht nicht mehr aufgelöst zu werden, sie kann gleich mit dem Mehl vermischt werden.

GRUNDREZEPT

Hefeteig

1/4 l Milch
2 EL Zucker
1 Pä. Frischhefe oder Trockenhefe
500 g Mehl
1 Btl. Citro-back
1 Prise Salz
75 g Butter oder Margarine

1. Milch und Zucker in einen Topf geben und handwarm erhitzen.
2. Milch vom Herd nehmen, die Hefe hineinbröckeln und 10 - 15 Minuten an einem warmen Ort gehen lassen. (Die Trockenhefe unter das Mehl mischen.)
3. Das Mehl in eine Schüssel sieben und mit dem Citro-back und dem Salz mischen. Eine Mulde hineindrücken und die Butter in Flöckchen daraufsetzen.
4. Die gegangene Hefemilch in die Mulde geben und alles zu einem glatten Teig verarbeiten. Den Teig kräftig durchkneten.
5. Mit einem Küchentuch abgedeckt an einem warmen Ort 30 Minuten gehen lassen.
6. Den Teig noch einmal kräftig durchkneten und weitere 30 Minuten gehen lassen. Danach ein drittes Mal kneten und je nach Rezept weiterverarbeiten.

TIP:

Wer zusätzlich ein Ei nehmen möchte, gibt es beim Abmessen der Milch mit in den Meßbecher. So bleibt das richtige Verhältnis von Mehl und Flüssigkeit erhalten.

DER MÜRBETEIG

Die altbekannte Grundformel für den Mürbeteig lautet 1 - 2 - 3: 1 Teil Zucker, 2 Teile Butter oder Margarine, 3 Teile Mehl. Eier und Flüssigkeit können dazugegeben werden, sind aber nicht unbedingt erforderlich. Zutaten, Hände und Raumtemperatur sollten kühl sein, denn der Mürbeteig mag keine Wärme. Er wird dann klebrig und bricht bzw. kommt steinhart aus dem Ofen.

DAS FETT

Der Mürbeteig ist ein sehr fettreicher Teig. Je mehr Fett im Teig verarbeitet wird, desto mürber wird er. Da der Teig vom Fett seinen typischen Geschmack bekommt, sollten Sie immer gute Butter oder Margarine verwenden. Kneten Sie den Teig zügig zusammen, damit das Fett nicht warm wird. Noch sichtbare Butterspuren im Teig machen nichts - lieber zu wenig als zu lange kneten!

DAS MEHL

Ideal für den Teig ist ein feines Weizenmehl Typ 405. Wenn man den Teig mit Vollkornmehl herstellen möchte, sollte man zur Hälfte feines Weizenmehl und Vollkornmehl verwenden. Es sollte schnell untergeknetet werden, damit der Teig nicht zäh wird.

DER ZUCKER

Für den Mürbeteig verwendet man feinen Zucker. Je höher der Zuckeranteil im Teig ist, desto schneller bräunt der Teig beim Backen. Sie sollten das Gebäck deshalb bei 180° anbacken und erst auf 200° erhöhen, wenn Sie sehen, daß der Teig noch zu hell ist.

Mehl sieben

Eier in die Mulde geben

DIE EIER

Eier sind für den Mürbeteig nicht unbedingt erforderlich, dennoch gibt man sie gern als Bindemittel dazu. Grundsätzlich rechnet man auf etwa 250 g Mehl ein Ei. Wer den Mürbeteig sehr brüchig mag, sollte nur das Eigelb verwenden. Das Eiweiß macht den Teig knusprig.

DAS KÜHLEN

Sehr wichtig für die Verarbeitung ist die richtige Temperatur des Teiges. Gut im Kühlschrank gekühlt kann man den Teig problemlos auf der Arbeitsfläche ausrollen. Wenn man kleine Gebäckarten herstellt, sollte man den Teig portionsweise verarbeiten und den Rest immer wieder in den Kühlschrank stellen.

Schnell zu einem kompakten Teig verkneten

In ein sauberes Küchentuch wickeln und kalt stellen

Für Tortenböden wird der Mürbeteig blind, d.h. ohne Belag gebacken. Hierfür wird der Teig in eine Form gegeben, die Ränder hochgedrückt und die Teigfläche mit einer Gabel eingestochen. Dann wird der Teig mit Pergamentpapier ausgelegt, bis zum Rand mit Hülsenfrüchten gefüllt und ausgebacken. So behält der Teig seine Form und kann je nach Geschmack gefüllt werden.

Nach dem Backen sollte man den Boden einige Minuten abkühlen lassen, da der Teig, wenn er noch heiß ist, leichter bricht.

GRUNDREZEPT

Mürbeteig fein

250 g Mehl
1 TL Backpulver
75 g Zucker
1 Prise Salz
1 Btl. Citro-back
1 Pä. Vanillezucker
2 Eigelb
125 g Butter oder Margarine
1 - 2 EL saure Sahne

1. Mehl, Backpulver, Zucker, Salz, Citro-back und Vanillezucker mischen. Eine Mulde in die Mitte drücken und das Eigelb hineingeben.
2. Butter oder Margarine in Flöckchen auf das Mehl setzen. Die saure Sahne darauf träufeln.
3. Das Ganze von außen nach innen mit bemehlten Händen oder einem Handmixer mit Knethaken schnell zu einem kompakten Teig verarbeiten.
4. Den Teig in ein feuchtes Tuch oder in Frischhaltefolie wickeln und eine Stunde im Kühlschrank ruhen lassen.

TIP:

Mürbeteig ist bestens zum Einfrieren geeignet. Möglichst im Kühlschrank wieder auftauen lassen, damit er nicht zu weich wird.

DER RÜHRTEIG

Rührteig wird in manchen Gegenden auch als Backpulverteig bezeichnet. Man unterscheidet mehrere Arten dieser Teigzubereitung. Neben dem einfachen Rührteig zählt man zu den Rührteigen auch den Sandteig, den Eierteig sowie den Quarkölteig. Alle Teige haben eines gemeinsam: Alle Zutaten werden so lange gerührt bis sie sich zu einer homogenen Masse verbunden haben.

DAS FETT

Die Fettart und die Fettmenge bestimmen die Qualität des Gebäcks in besonderer Weise. Eine geschmeidige weiche Beschaffenheit für die Verarbeitung ist zu empfehlen. Nehmen Sie das Fett möglichst rechtzeitig aus dem Kühlschrank, denn alle Zutaten sollten in etwa die gleiche Temperatur - am besten Zimmertemperatur - haben.

DER ZUCKER

Der Zucker wird in das weiche Fett eingerührt und so lange weitergeschlagen, bis er sich vollkommen aufgelöst hat. Die Masse sieht dann sehr hell, fast weiß aus, und hat eine sahnige Konsistenz.

DIE EIER

Eier geben dem Rührteig eine lockere Beschaffenheit. Verwenden Sie frische Eier. Je größer die Eierzahl, desto geringer ist die Zugabe von Backpulver. Rühren Sie die Eier nach und nach unter die Teigmasse. Wenn die Zutaten zu kalt sind, kann die Masse hierbei gerinnen. Falls dies passiert: Schlagen Sie die Mischung einfach weiter. Wichtig ist es, möglichst viel Luft einzuarbeiten, damit der Kuchen beim Backen locker aufgeht.

GRUNDREZEPT

Rührteig mittelfest

85 g Butter oder Margarine
85 g Zucker
2 Eier
1 Btl. Citro-back
1 Pä. Vanillezucker
1/2 Tasse Milch
200 g Mehl
1 1/2 TL Backpulver
Butter oder Margarine zum Ausfetten
Mehl zum Bestauben

1. Butter oder Margarine mit dem Zucker in eine Schüssel geben und schaumig rühren.
2. Eier nach und nach unterrühren.
3. Citro-back und Vanillezucker unterrühren.
4. Mehl und Backpulver mischen und abwechselnd mit der Milch zügig unter den Teig rühren.

TIP:

Garprobe:
Bei allen Kuchenteigen kann man mit Hilfe eines langen Holzstäbchens das Backstadium erkennen. Bleibt kein Teigrest daran haften, so ist der Kuchen gar. Die Kuchenränder lösen sich von der Backform.

GRUNDREZEPT

Rührteig fein (einfach)

250 g Butter oder Margarine
250 g Zucker
4 Eier
500 g Mehl
1 Prise Salz
1 Päckchen Vanillezucker
1 Btl. Citro-back
1 Päckchen Backpulver
1/8 L Milch

1. Die Butter oder Margarine in eine Schüssel geben und schaumig schlagen bis sie Spitzen zieht.
2. Den Zucker unterrühren und so lange weiterschlagen, bis er vollständig aufgelöst ist.
3. Die Eier nacheinander unterrühren.
4. Das Mehl sieben und mit Salz, Vanillezucker, Citro-back und Backpulver vermischen.
4. Das Mehl sieben und mit Salz, Vanillezucker, Citro-back und Backpulver vermischen.
5. Die Mehlmischung abwechseln mit der Milch rasch unter den Teig rühren.
6. Die Zutaten zum Verfeinern des Teiges (z.B. Schoko Tröpfchen, Rum-Rosinen oder Orangeat) unter den fertigen Teig rühren. Anschließend in eine gefettete und leicht bemehlte Form füllen.
7. Den Rührkuchen im vorgeheizten Backofen bei 180-200 Grad ca. 50-60 Minuten backen.

DAS MEHL

Das übliche Mehl für den Rührteig ist das Mehl vom Typ 405. Je mehr Sie das Mehl mit Speisestärke vermischen, desto trockener wird der Kuchen. In der Bio-Bäckerei werden die Rührteige auch gern mit Vollkornmehl hergestellt. Achten Sie dabei aber darauf, daß Sie die Mehlmenge etwa um 10-15% erhöhen, da die Bindeeigenschaft des Vollkornmehls geringer ist.
Das Mehl wird zügig unter den Teig gerührt. Hat es sich mit den Zutaten verbunden, darf der Teig nicht mehr bearbeitet werden, da das Klebereiweiß im Mehl den Teig sonst schnell zäh werden läßt.

DIE FLÜSSIGKEIT

Ob Milch, Sahne, Sauerrahm, Buttermilch, Wein oder Fruchtsäfte, als Zugabe zum Rührteig müssen sie auf jeden Fall kalt sein und mit dem Mehl möglichst rasch untergearbeitet werden.
Die Flüssigkeitsmenge ist abhängig vom Fett-, Ei- und Mehlanteil.
Ist der Teig zu fest, kann etwas Milch nachgegossen werden.
Der Teig muß schwerreissend vom Löffel fallen.

Feine Erdbeer-Torte mit Marzipanhaube

RÜHRTEIG:

- *175 g Butter*
- *150 g Zucker*
- *1 Pä. Vanillezucker*
- *1 Pr. Salz*
- *4 Eigelb*
- *1 Doppel-Btl. Kirschwasser-back*
- *100 g Süße Mandeln gemahlen*
- *150 g Mehl*
- *50 g Speisestärke*
- *2 TL Backpulver*
- *4 Eiweiß*

CREME:

- *8 Blatt weiße Gelatine*
- *500 g Erdbeeren*
- *300 g Vollmilch-Joghurt*
- *1 Btl. Citro-back*
- *50 g Zucker*
- *1 Pä. Vanillezucker*
- *400 ml Schlagsahne*

MARZIPANHAUBE:

- *200 g Feine Marzipan Rohmasse*
- *100 g Puderzucker*

ROSEN-DEKORATION:

- *200 g Feine Marzipan Rohmasse*
- *100 g Puderzucker*
- *1 Pckg. 4 Back & Speisefarben (rot und grün)*
- *1 Dose Dekor Schnee*

1. Butter, Zucker, Vanillezucker und Salz verrühren. Eigelb nacheinander unterrühren. Kirschwasser-back zufügen. Gemahlene Mandeln, Mehl, Speisestärke und Backpulver mischen. Kurz unterrühren. Eiweiß steif schlagen und unterheben.
2. Teig in eine mit Backpapier belegte Springform (Ø 26 cm) füllen. Im vorgeheizten Backofen backen. Auskühlen lassen.
3. Inzwischen Gelatine in kaltem Wasser einweichen. Erdbeeren putzen, waschen und pürieren. Joghurt, Citro-back, Zucker und Vanillezucker zufügen. Gelatine nach Packungsanweisung auflösen und unterrühren. Etwas gelieren lassen. Sahne steif schlagen und unterheben.
4. Tortenboden zweimal quer durchschneiden. 1/3 der Creme auf den unteren Boden geben.
2. Boden auflegen. Nochmals 1/3 Creme daraufgeben. Oberen Tortenboden darauflegen. Restliche Creme auf dem Boden und am Tortenrand verteilen und glatt streichen. Im Kühlschrank fest werden lassen.
5. In der Zwischenzeit Feine Marzipan Rohmasse mit Puderzucker verkneten. Marzipan zwischen Folie kreisförmig (Ø 38 cm) dünn ausrollen. Obere Folie entfernen. Teigrolle leicht mit Puderzucker einreiben. Marzipan mit der unteren Folie locker darauflegen. Mit Hilfe der Teigrolle das Marzipan so abrollen, daß die Folie oben liegt. Marzipan am Tortenrand gleichmäßig andrücken.

Rosen-Dekoration:

Feine Marzipan Rohmasse mit Puderzucker verkneten. 150 g mit roter Back & Speisefarbe zartrosa und 50 g mit grüner Back & Speisefarbe hellgrün färben. Rosa Marzipan zu einer dünnen Rolle formen (Ø 1 cm) 1 cm dünne Scheiben abschneiden. Scheiben hauchdünn auf Puderzucker ausrollen. Aus jeweils 7 - 8 Scheiben eine Rosenblüte formen. Aus dem grünen Marzipan 7 - 8 Blätter formen. Restliches Marzipan zu dünnen Rollen formen und als Stiel auf die Torte legen. Blätter und Rosen dekorativ auf die Torte legen. Alles mit Dekor Schnee bestäuben.

Beheizung:	E-Herd: 175° Gas: Stufe 2
Backzeit:	ca. 55 Min.

Himbeer-Marzipan-Traum

BISKUITTEIG:

9 Eier
2 Btl. Kirschwasser-back
5 EL Wasser
200 g Zucker
300 g Mehl
1 Pä. Backpulver
100 g Süße Mandeln gemahlen
150 g Weiße Kuvertüre

CREME:

je 6 Blatt weiße und rote Gelatine
1 kg Himbeeren (frisch oder tiefgefroren)
75 g Zucker
2 Pä. Bourbon-Vanillezucker
2 Btl. Citro-back
150 g Crème fraîche
200 g Doppelrahm-Frischkäse
600 g Schlagsahne

DEKORATION:

600 g Feine Marzipan Rohmasse
300 g Puderzucker
1 Pckg. 4 Back & Speisefarben
175 g Himbeer-Konfitüre EXTRA
1 Eiweiß
1 Ds. Dekor Schnee
250 g Himbeeren
einige Stiele Zitronenmelisse

1. Eier trennen. Eiweiß mit Kirschwasser-back und Wasser steif schlagen. Zucker langsam einrieseln lassen. Weiterrühren, bis der Zucker gelöst ist. Mehl, Backpulver und gemahlene Mandeln mischen. Kuvertüre fein reiben. Eigelb, Mehlgemisch und Kuvertüre vorsichtig unter das Eiweiß heben.
2. Teig auf die mit Backpapier ausgelegten Springformen (Ø 22 und 28 cm) verteilen. Im vorgeheizten Backofen backen. Nach dem Backen 10 Minuten in der Form ruhen lassen. Anschließend auf ein Kuchengitter stürzen und auskühlen lassen.
3. Für die Creme rote und weiße Gelatine in kaltem Wasser einweichen. Himbeeren pürieren und durch ein Sieb streichen. Zucker, Vanillezucker, Citro-back, Crème fraîche und Frischkäse zufügen. Nochmals pürieren. Gelatine nach Packungsanleitung auflösen und zu dem Pürree geben. Creme in den Kühlschrank stellen. Wenn die Creme zu gelieren beginnt, die steifgeschlagene Sahne unterheben.
4. Tortenböden jeweils einmal quer halbieren. Je einen Tortenring um die unteren Böden legen. Creme auf die Böden geben. Oberen Boden auflegen und die Torten zugedeckt ca. 30 - 40 Minuten in den Kühlschrank stellen.
5. Inzwischen Feine Marzipan Rohmasse mit dem Puderzucker verkneten. 800 g davon mit Back & Speisefarbe zart rosa einfärben. Das restliche Marzipan kräftig pink färben. Rosa Marzipan zwischen zwei großen aufgeschnittenen Gefrierbeuteln zu zwei Kreisen (Ø 22 und 28 cm) ausrollen. Das restliche rosa Marzipan nochmals ausrollen und 2 Teigstreifen (40 x 6 cm) ausschneiden. Pinkfarbenes Marzipan hauchdünn zwischen zwei Gefrierbeuteln ausrollen und verschieden große Herzen ausstechen. Aus den Marzipanresten mit einem Zackenrädchen Streifen schneiden.
6. Tortenringe um die Torten vorsichtig lösen. Himbeer-Konfitüre erhitzen und durch ein Sieb streichen. Beide Torten ringsherum mit Konfitüre bestreichen. Anschliessend mit den Marzipankreisen und -streifen umhüllen. Den oberen Rand mit etwas Eiweiß bestreichen und die Zackenstreifen darauf setzen.
7. Die kleinere Torte vorsichtig auf die größere setzen. Torte ringsherum mit Marzipanherzen (mit Eiweiß ankleben) verzieren.
Zum Schluß zart mit Dekor Schnee bestäuben und mit Himbeeren und Zitronenmelisse verzieren.

Beheizung:	E-Herd: 190°
	Gas: Stufe 3
Backzeit:	ca. 35 Minuten

Baumkuchen-Herz

RÜHRTEIG:

200 g Butter
200 g Zucker
2 Pä. Bourbon-Vanillezucker
1 Pr. Salz
1 Btl. Citro-back
4 Eier
125 g Mehl
75 g Speisestärke
100 g Süße Mandeln gehackt
1 TL Backpulver

AUSSERDEM:

4 EL Aprikosen-Konfitüre EXTRA
200 g Feine Marzipan Rohmasse

DEKORATION:

300 g Halbbitter-Kuvertüre oder wahlweise 2 Pckg. Dekor Schoko Borke
1 Pckg. Schoko Dekor Herzen
1 Dose Dekor Schnee zum Bestäuben

1. Butter, Zucker, Vanillezucker, Salz und Citro-back verrühren. Eier trennen. Eigelb nacheinander unterrühren. Aurora-Urkraft des Keimes oder Aurora-Sonnenstern-Mehl, Speisestärke, Mandeln und Backpulver mischen. Zufügen und verrühren. Eiweiß steif schlagen und mit einem Rührlöffel unterheben.
2. Eine Herzform am Boden mit Backpapier auslegen. Zwei Löffel Teig hineingeben und mit einem Backpinsel glatt streichen. Herzform unter den vorgeheizten Grill stellen bzw. im vorgeheizten Backofen goldbraun überbacken.
3. Nächste Teigschicht darauf verteilen, ebenso backen. Teig in 10 - 12 Schichten nacheinander backen. Die dritte und die neunte Schicht dabei dünn mit Aprikosen-Konfitüre bestreichen und mit einer hauchdünnen Marzipanschicht (zwischen 2 Gefrierbeuteln ausgerollt) belegen.
4. Fertig gebackenes Herz aus der Form lösen und auf ein Kuchengitter stürzen. Abkühlen lassen.
5. Herz auf der Oberseite mit der restlichen Aprikosen-Konfitüre bestreichen. Restliches Marzipan ausrollen und auf den Kuchen legen.
6. Kuvertüre nach Packungsanleitung schmelzen. Den Kuchen mit zwei Drittel der Kuvertüre überziehen. Das restliche Drittel auf ein Mamorbrett streichen. Gerade fest werden lassen, dann mit einem Spatel zu Röllchen spachteln und diese auf das Herz legen.
Alternativ kann statt der selbstgespachtelten Kuvertüreröllchen Dekor Schoko Borke verwendet werden.
7. Mit Schoko Dekor Herzen verzieren und nach Belieben mit Dekor Schnee zart bestäuben.

Beheizung: E-Herd: nur Oberhitze 250°
Gas: Grillstufe
Backzeit E-Herd: je Schicht ca. 4 Min.
Grill: je Schicht ca. 2 Minuten

Tips, Tricks und Infos zur Kuvertüre

Kuvertüre gibt's in drei Sorten: Zartbitter, Vollmilch und Weiß.

Vor dem Schmelzen die Kuvertüre möglichst fein hacken, damit sie sich gleichmäßig erwärmt und schön schmilzt.

Kuvertüre darf nicht zu heiß werden, sonst krümelt sie und läßt sich nicht mehr auftragen.

Für den glatten Überzug: Kuvertüre in die Mitte der Torte geben, Torte neigen, so daß die Kuvertüre über den Rand läuft.

Mit einem Holzspießchen läßt sich Kuvertüre schön mamorieren.

Sacher-Torte einmal anders

(ca. 12 Stück)

RÜHRTEIG:

150 g Halbbitter-Kuvertüre
250 g Butter
175 g Zucker
2 Pä. Bourbon-Vanillezucker
1 Pr. Salz
8 Eier
200 g Mehl
2 EL Kakao

AUSSERDEM:

150 g Himbeergelee

DEKORATION:

150 g Halbbitter-Kuvertüre
75 g Weiße Kuvertüre
1 Pckg. Schoko Dessert-Dekor

1. Halbbitter-Kuvertüre in Stücke schneiden und im heißen Wasserbad schmelzen. Abkühlen lassen. Butter, Zucker, Vanillezucker und Salz verrühren. Abgekühlte Kuvertüre unterrühren. Eier trennen. Eigelb nacheinander unterrühren. Eiweiß steif schlagen. Auf den Teig geben. Mehl und Kakao auf die Eiweißmasse sieben und vorsichtig unterheben.
2. Teig in eine gefettete und bemehlte quadratische Backform (24 x 24 cm) füllen. Im vorgeheizten Backofen backen. 10 Minuten in der Backform ruhen lassen. Dann auf ein Kuchengitter stürzen. Abkühlen lassen.
3. Anschließend einmal quer halbieren. Himbeergelee erwärmen und die untere Kuchenhälfte damit bestreichen. Obere Kuchenhälfte daraufgeben.
4. Kuvertüren getrennt nach Packungsanweisung schmelzen.
5. Zuerst die Torte mit der Halbbitter-Kuvertüre überziehen. Dann die weiße Kuvertüre teelöffelweise darauf verteilen und vorsichtig mit einem Holzstab marmorieren. Mit Schoko Dessert-Dekor verzieren.

Beheizung:
E-Herd: 160°
Gas: Stufe 2

Backzeit:
60 - 65 Minuten

Happy Birthday

Mohn-Buchweizen-Torte mit Preiselbeeren

BISKUITTEIG:

5 Eigelb
5 EL heißes Wasser
150 g Zucker
1 Pr. Salz
180 g Buchweizenmehl
1 EL Speisestärke
4 TL Backpulver
1 EL Kakao
1 Btl. Mohn-back
5 Eiweiß

FÜLLUNG:

3/4 l Schlagsahne
2 Pä. Sahnesteif
1 Glas Preiselbeeren (450 g)

DEKORATION:

1 Btl. Pistazien gehackt

1. Eigelb mit heißem Wasser, Zucker und Salz schaumig schlagen, bis sich der Zucker vollständig gelöst hat. Buchweizenmehl, Speisestärke, Backpulver und Kakao mischen und unter die Eiermasse heben. Mohn-back unterheben. Zum Schluß Eiweiß steif schlagen und unter den Teig heben.
2. Den Teig in eine am Boden mit Backpapier ausgelegten Springform (Ø 26 cm) füllen und im vorgeheizten Backofen backen. Nach dem Backen den Tortenboden stürzen und das Backpapier abziehen. Den ausgekühlten Boden zweimal durchschneiden.
3. Die Sahne steif schlagen. Für die Füllung 2/3 der Sahne mit Preiselbeeren mischen (etwas zum Verzieren zurücklassen). Den unteren und mittleren Tortenboden mit der Preiselbeersahne bestreichen. Tortenböden aufeinander setzen und den oberen Tortenboden daraufsetzen.
4. Für die Dekoration die Torte mit der restlichen Sahne von allen Seiten bestreichen und mit zwei großen Sahneringen garnieren.
5. Zwischen die Ringe die restlichen Preiselbeeren geben. Zum Schluß die Tortenoberfläche mit Pistazien bestreuen.

Beheizung:	E-Herd: 180°-200°
	Gas: Stufe 2-3
Backzeit:	ca. 40 Minuten

Geburtstags-Torte

BISKUITTEIG:

- *4 Eier*
- *2 EL heißes Wasser*
- *150 g Zucker*
- *1/2 Btl. Citro-back*
- *100 g Weizenmehl*
- *100 g Speisestärke*
- *2 gestr. TL Backpulver*

FÜLLUNG:

- *300 g Aprikosen-Konfitüre EXTRA*
- *1/4 l Schlagsahne*
- *25 g Puderzucker*
- *1 Pä. Vanillezucker*
- *1 Btl. Sahnesteif*

DEKORATION:

- *450 g Feine Marzipan Rohmasse*
- *1 Pckg. 4 Back & Speisefarben*
- *250 g Puderzucker*
- *1 Ds. Dekor Schnee*

1. Eier und heißes Wasser schaumig schlagen. Zucker einstreuen und weiterrühren, bis der Zucker aufgelöst ist. Citro-back unterrühren. Mehl, Speisestärke und Backpulver mischen, auf die Eiermasse sieben und vorsichtig unterheben.
2. Den Boden einer Springform (Ø 26 cm) mit Backpapier auslegen, Teig einfüllen und im vorgeheizten Backofen backen.
3. Biskuit-Boden zweimal quer durchschneiden. Aprikosen-Konfitüre erwärmen und durch ein Sieb streichen. Unteren Boden damit bestreichen, den zweiten Boden auflegen. Schlagsahne mit Sahnesteif, Puder- und Vanillezucker steif schlagen. Tortenboden damit bestreichen, dann den dritten Boden darauflegen und leicht andrücken. Torte oben und seitlich mit der restlichen Aprikosen-Konfitüre bestreichen.
4. Für die Dekoration Feine Marzipan Rohmasse mit Puderzucker verkneten. 400 g mit gelber Back & Speisefarbe einfärben. Marzipan dünn ausrollen und über die ganze Torte legen. Aus dem restlichen gelben Marzipan Rosen formen. Die restlichen 50 g Marzipan mit Back & Speisefarbe grün einfärben und kleine Blätter daraus formen.
5. Torte mit Rosen und Blättern verzieren und zart mit Dekor Schnee überstäuben.

Beheizung: E-Herd: 175 - 200°
Gas: Stufe 3 - 4
Backzeit: ca. 20 - 30 Min.

Kiwi-Torte

BISKUITTEIG:

150 g Vollmilch-Kuvertüre
3 Eier
3 EL Orangensaft
120 g Puderzucker
1 Prise Salz
125 g Mehl
2 TL Backpulver
1 Btl. Orange-back
50 g Kokosraspeln

AUSSERDEM:

4 Kiwi
125 g Aprikosen-Konfitüre EXTRA

CREME:

7 Blatt weiße Gelatine
1 Dose Kokoscreme, ungesüßt (280 g Einwaage)
40 g Zucker
4 cl Kokoslikör
2 Btl. Kirschwasser-back
400 g Schlagsahne

DEKORATION:

4 Kiwi
1 Pckg. Schoko Dekor Flocinos
1 Pckg. Schoko Dekor Blätter, Weiße Schokolade

1. Kuvertüre in Stücke schneiden und nach Packungsanleitung schmelzen. Eier trennen, Eiweiß mit Orangensaft steif schlagen. Puderzucker und Salz langsam einrieseln lassen. Weiterschlagen, bis die Masse steif ist. Eigelb kurz unterrühren. Mehl, Backpulver, Orange-back und Kokosraspeln mischen. Mit der aufgelösten Kuvertüre unter die Eimasse heben.
2. Teig in eine mit Backpapier ausgelegte Springform (Ø 26 cm) füllen und im vorgeheizten Backofen backen. Tortenboden auf einem Kuchengitter abkühlen lassen.
3. Kiwi schälen und in Scheiben schneiden. Tortenboden einmal durchschneiden. Die Kiwischeiben auf dem unteren Tortenboden verteilen. Mit verrührter Aprikosen-Konfitüre bestreichen und den oberen Boden auflegen.
4. Für die Creme Gelatine in kaltem Wasser einweichen. Kokoscreme mit Zucker, Kokoslikör und Kirschwasser-back verrühren. Gelatine nach Packungsanleitung auflösen und unter die Kokosmasse rühren. Sobald die Creme zu gelieren beginnt, die steifgeschlagene Sahne unterheben.
5. Torte mit Creme rundherum bestreichen und ca. 1 Stunde in den Kühlschrank stellen.
6. Für die Dekoration restliche Kiwi schälen und in Scheiben schneiden. Torte mit Kiwischeiben, Schoko Dekor Flocinos und Schoko Dekor Blättern verzieren.

Zu Schritt **1**

Zu Schritt **6**

Beheizung: E-Herd: 190°
Gas: Stufe 3
Backzeit: ca. 25 Minuten

Haselnuß-Krokant-Torte

RÜHRTEIG:

250 g Schlagsahne
125 g Zucker
1 Pr. Salz
3 Eier
200 g Mehl
3 TL Backpulver
1 Pckg. Raspelschokolade Zartbitter

FÜLLUNG:

1 Glas Preiselbeeren (285 g Einwaage)
500 g Schlagsahne
2 Pä. Sahnesteif
1 Btl. Rum-back
100 g Haselnüsse gemahlen
50 g Haselnuß Krokant

DEKORATION:

200 g Feine Marzipan Rohmasse
50 g Haselnuß Krokant
100 g Haselnüsse gehackt
1 Pckg. Dekor-Taler Happy Birthday

1. Sahne steif schlagen. Zucker, Salz und Eier unterrühren. Mehl und Backpulver mischen und mit der Raspelschokolade unter den Teig rühren.

2. Den Teig in eine mit Backpapier ausgelegte Springform geben und im vorgeheizten Backofen backen. Evtl. zwischendurch mit Alufolie abdecken. Abkühlen lassen.
3. Den Boden einmal quer halbieren.

4. Den unteren Boden mit den Preiselbeeren bestreichen. Sahne mit Sahnesteif sehr steif schlagen. Rum-back, Haselnüsse und Haselnuß Krokant unterrühren. Die Hälfte der Haselnuß Krokant-Sahne auf die Preiselbeeren streichen. Den zweiten Boden darauflegen. Die restliche Creme auf der Torte und am Rand verteilen.
5. Feine Marzipan Rohmasse zwischen zwei aufgeschnittenen Gefrierbeuteln ausrollen (Ø 40 cm). Die Marzipandecke wellenförmig auf die Torte legen. Haselnüsse in einer beschichteten Pfanne goldbraun rösten und abkühlen lassen.

6. Die Torte mit Haselnuß Krokant bestreuen und mit Happy Birthday Dekor-Talern verzieren. Den Tortenrand mit gehackten Haselnüssen dekorieren.

Beheizung:	E-Herd: 190°
	Gas: Stufe 2 - 3
Backzeit:	ca. 45 Minuten

Happy Birthday

Schichttorte mit Mandarinencreme

MÜRBETEIG:

250 g Mehl
200 g Süße Mandeln gemahlen
175 g Puderzucker
1 Btl. Citro-back
250 g Butter

FÜLLUNG:

8 Blatt weiße Gelatine
2 Dosen Mandarin-Orangen (175 g Abtropfgewicht)
500 g Speisequark 40% Fett
60 g Zucker
1 Btl. Citro-back
Saft einer Zitrone
500 g Schlagsahne

DEKORATION:

1 Pckg. Schoko Dessert-Dekor
1 Btl. Pistazien gehackt
einige Stiele Minze
nach Belieben 1 Ds. Ananas

1. Für den Mürbeteig alle Zutaten zu einem glatten Teig verarbeiten. Teig in 5 Portionen teilen und zugedeckt ca. 1 Stunde im Kühlschrank kalt stellen.
2. Zwischen zwei aufgeschnittenen Gefrierbeuteln jeweils eine Teigportion zu einem Quadrat (24 x 24 cm) ausrollen.

3. Den Boden auf ein mit Backpapier belegtes Backblech legen und mehrmals mit einer Gabel einstechen. Nacheinander die fünf Böden backen. Abkühlen lassen.

4. Für die Füllung Gelatine in kaltem Wasser einweichen. Mandarinen abtropfen lassen und die Hälfte pürieren. Mandarinenpürree mit Quark, Zucker, Citro-back und Zitronensaft verrühren. Gelatine nach Packungsanleitung auflösen und zufügen. Sahne steif schlagen und unter die gelierende Creme heben. Die einzelnen Böden mit Creme bestreichen und je 2 EL Mandarinen darauf geben. Sobald die Creme etwas fester geworden ist, die Böden aufeinandersetzen. 2 - 3 Stunden in den Kühlschrank stellen.
5. Torte mit Schoko Dessert-Dekor, gehackten Pistazien und Minze verzieren. Nach Belieben mit Ananasscheiben verzieren.

Beheizung: E-Herd: 175°
Gas: Stufe 2
Backzeit: ca. 15 - 17 Min. je Boden

Zu Schritt 4

Nougat-Torte

RÜHRTEIG:

200 g Nußnougat
125 g Butter
100 g Zucker
1 Btl. Orange-back
1 Pr. Salz
6 Eier
125 g Mehl
1 TL Backpulver

FÜLLUNG:

3 Blatt weiße Gelatine
500 ml Milch
3 Pä. Bourbon-Vanillezucker
1 EL Zucker
1 Pä. Bourbon-Vanillepudding-pulver
250 g Mascarpone

DEKORATION:

150 g Vollmilch-Kuvertüre
150 g Weiße Kuvertüre
1 Pckg. Dekor Schoko Borke

1. Nußnougat im Wasserbad nach Packungsanleitung schmelzen. Butter, Zucker, Orange-back und Salz verrühren. Eier trennen. Eigelb unterrühren. Eiweiß steif schlagen und auf den Teig geben. Mehl und Backpulver mischen und auf das Eiweiß geben. Nußnougat darüber geben und vorsichtig unterheben.

2. Den Teig in eine gefettete Springform (Ø 26 cm) füllen und im vorgeheizten Backofen backen. Anschließend auskühlen lassen.

3. Inzwischen Gelatine in kaltem Wasser einweichen. 450 ml Milch, Vanillezucker und Zucker aufkochen. Vanillepuddingpulver mit der restlichen Milch verrühren und unter Rühren in die kochende Milch geben. Kurz aufkochen, beiseite stellen und die Gelatine unterrühren. Pudding in eine Schüssel geben und im kalten Wasserbad abkühlen lassen. Dann die obere Hautschicht vorsichtig entfernen und den Pudding umrühren. Mascarpone unterrühren.

4. Tortenboden einmal quer halbieren und mit der Puddingcreme bestreichen. Den oberen Boden darauflegen. Torte eine Stunde im Kühlschrank kalt stellen.

5. Für die Dekoration Kuvertüren getrennt nach Packungsanleitung im Wasserbad schmelzen. Torte mit Vollmilch-Kuvertüre daraufgeben und die Torte marmorieren. Mit Dekor Schoko-Borke dekorieren.

Beheizung: E-Herd: 175°
Gas: Stufe 2
Backzeit: ca. 50 Minuten

Mango-Torte

MÖHRENTEIG:

250 g Möhren
4 Eiweiß
175 g Zucker
1 Pr. Salz
1 Btl. Citro-back
4 Eigelb
100 g Mehl
100 g Süße Mandeln gemahlen
1 TL Backpulver
60 g Butter

CREME:

3 Blatt weiße Gelatine
1 kleine, reife Mango (ca. 300 g Fruchtfleisch)
1 Limette
20 g Zucker
1 Pä. Vanillezucker
150 ml Schlagsahne

DEKORATION:

300 g Weiße Kuvertüre
1 Pckg. Schoko Dekor Blätter, Zartbitter
oder wahlweise:
1 Pckg. Schoko Alphabet & Ziffern
1 Pckg. Schoko Dekor Herzen

1. Möhren schälen und fein raspeln.
2. Eiweiß steif schlagen. Zucker und Salz langsam einrieseln lassen. Citro-back und Eigelb kurz unterrühren. Mehl, gemahlene Mandeln und Backpulver mischen und mit der flüssigen, abgekühlten Butter und Möhrenraspeln unterheben.
3. Teig in eine mit Backpapier ausgelegte Springform (Ø 26 cm) füllen und im vorgeheizten Backofen backen. Boden auskühlen lassen.
4. Inzwischen die Creme vorbereiten. Gelatine in kaltem Wasser einweichen. Mangos schälen, Kerne entfernen. Fruchtfleisch (ca. 300 g) pürieren. Abgeriebene Limettenschale und -saft, Zucker und Vanillezucker zufügen. Gelatine nach Packungsanleitung auflösen und unterrühren. Etwas gelieren lassen. Sahne steif schlagen und unterheben.
5. Tortenboden quer halbieren. Creme auf den unteren Boden verteilen. Oberen Boden auflegen. Torte im Kühlschrank durchkühlen lassen.
6. Kuvertüre nach Packungsanleitung schmelzen und die Torte damit überziehen. Wahlweise mit Schoko Dekor Blättern, Schoko Alphabet & Ziffern oder Schoko Dekor Herzen verzieren.

Beheizung: E-Herd: 175°
Gas: Stufe 2
Backzeit: 50 - 55 Minuten

Mousse au Chocolat Birnen-Torte

BISKUITTEIG:

3 Eigelb
2 - 3 EL heißes Wasser
80 g Puderzucker
3 Eiweiß
1 Pr. Salz
50 g Weizenmehl
50 g Speisestärke
1 Msp. Backpulver

CREME:

1 Dose Williams-Birnen
1 Pä. Tortenguß klar
1/4 l Birnensaft
Zucker nach Geschmack
1 Btl. Rum-back

BELAG UND DEKORATION:

250 g Halbbitter-Kuvertüre
4 Eigelb
60 g Puderzucker
200 g Sahne
4 Eiweiß
1 Btl. Rum-back
1 Pckg. Schoko Dekor Blätter, Zartbitter
1 Pckg. Raspelschokolade Vollmilch

1. Eigelb mit heißem Wasser schaumig schlagen. Puderzucker sieben und nach und nach unter die Eigelbmasse heben. Eiweiß mit Salz steif schlagen und auf die Eigelbmasse geben. Mehl, Speisestärke und Backpulver auf die Eiermasse sieben und mit dem Schneebesen unterheben.
2. Springform (Ø 26 cm) mit Backpapier auslegen. Teig einfüllen und im vorgeheizten Ofen backen. Anschließend auf einem Tortengitter auskühlen lassen.
3. Birnen abtropfen lassen, in Scheiben schneiden und fächerförmig auf den abgekühlten Tortenboden legen. Aus 1/4 l Birnensaft nach Packungsanleitung einen Tortenguß zubereiten, mit Rumback abschmecken. Über die Birnen gießen und abkühlen lassen.
4. Kuvertüre in kleine Stücke brechen und nach Packungsanleitung schmelzen.
5. Eigelb und Zucker schaumig schlagen. Die Kuvertüre etwas abkühlen lassen und nach und nach mit einem Schneebesen unter die Eigelbmasse rühren. Sahne steif schlagen, mit dem geschlagenen Eiweiß unter die Schokoladenmasse heben.
6. Gleichmäßig auf den Birnen verteilen. Den Tortenrand ebenfalls mit Creme bestreichen. Mit Schoko Dekor Blättern und Raspelschokolade dekorieren.

Beheizung: E-Herd: 180 - 200°
Gas: Stufe 2 - 3
Backzeit: ca. 20 - 25 Minuten

Tiramisu-Kiwi-Torte

BISKUITTEIG:

3 Eigelb
2 - 3 EL heißes Wasser
80 g Puderzucker
3 Eiweiß
1 Pr. Salz
50 g Weizenmehl
50 g Speisestärke
1 Msp. Backpulver
1 Btl. Kirschwasser-back

FÜLLUNG:

4 - 5 EL Aprikosen-Konfitüre EXTRA
6 - 8 Kiwis
1 Pä. Tortenguß, klar

BELAG:

4 Eier
50 g Zucker
1 Btl. Kirschwasser-back
500 g Mascarpone (Frischkäse)
6 Blatt weiße Gelatine
2 EL Kakaopulver
1 Pckg. Schoko Dekor Blätter, Weiße Schokolade

1. Eigelb schaumig schlagen. Puderzucker sieben und nach und nach unter die Eigelbmasse heben. Eiweiß mit Salz steif schlagen. Mehl, Speisestärke und Backpulver auf die Eiermasse sieben und mit dem Schneebesen unterheben.
2. Den Boden einer Springform (Ø 26 cm) mit Backpapier auslegen, Biskuitmasse einfüllen und im vorgeheizten Ofen backen. Auskühlen lassen und mit Kirschwasser-back beträufeln. Aprikosen-Konfitüre erwärmen, durch ein Sieb streichen und den Tortenboden damit bestreichen.
3. Kiwis schälen, in Scheiben schneiden und den abgekühlten Tortenboden damit belegen. Tortenguß nach Packungsanleitung mit 1 Eßlöffel Zitronensaft zubereiten, auf die Kiwischeiben gießen und abkühlen lassen.
4. Für den Belag Eigelb mit heißem Wasser schaumig schlagen, Zucker einstreuen, weiterschlagen bis sich der Zucker gelöst hat. Kirschwasser-back und Mascarpone unterrühren. Gelatine nach Packungsanweisung auflösen, etwas abkühlen lassen und unter die Mascarponemasse rühren. Eiweiß steif schlagen, ebenfalls unterheben.
5. Creme auf den mit Kiwis belegten Tortenboden streichen.
6. Torte von allen Seiten mit Kakaopulver bestreuen. Mit Kiwischeiben und mit Schoko Dekor Blättern garnieren.

Beheizung: E-Herd: 200 - 220°
Gas: Stufe 3 - 4
Backzeit: 10 - 15 Minuten

Mango-Mohn-Torte

BISKUITTEIG:

4 Eier
100 g Zucker
3 EL Orangensaft
1 Btl. Orange-back
1 Pr. Salz
1 Btl. Mohn-back
150 g Weizenmehl
2 TL Backpulver

CREME:

8 Blatt Gelatine
2 reife Mango (à 400 g)
1 Orange
1 Zitrone
70 g Zucker
1 Btl. Citro-back
250 g Sahnequark
300 g Schlagsahne

DEKORATION:

1 reife Mango
1 Pckg. Schoko Dessert-Dekor

1. Eier, Zucker, Orangensaft, Orange-back und Salz 5 Minuten schaumig rühren. Mohn-back kurz unterrühren. Mehl und Backpulver miteinander vermischen und vorsichtig unterheben.
2. Den Teig in eine quadratische, mit Backpapier ausgelegte Form (24 cm) füllen und im vorgeheizten Backofen backen. Anschließend auf einem Kuchengitter abkühlen lassen.
3. Für die Creme die Gelatine in kaltem Wasser einweichen, die Mangos schälen und die Kerne entfernen. Die Orange und die Zitrone auspressen und zusammen mit dem Mangofruchtfleisch und dem Zucker pürieren. Anschließend den Quark mit dem Fruchtpüree verrühren. Die Gelatine nach Packungsanleitung auflösen und unter die Quark-Fruchtmasse rühren. Die Sahne steif schlagen und unterheben, sobald diese zu gelieren beginnt.
4. Den Tortenboden einmal waagerecht durchschneiden und 1/3 der Creme auf die untere Hälfte geben. Die obere Tortenhälfte darauf legen und die Torte mit der restlichen Creme ringsherum bestreichen. Danach ca. 2 Stunden in den Kühlschrank stellen.
5. Für die Dekoration die Mango schälen und den Kern entfernen. Das Fruchtfleisch der Mango in Spalten schneiden. Zum Schluß die Torte mit den Früchten und Schoko Dessert-Dekor verzieren.

Beheizung: E-Herd: 190°
Gas: Stufe 3
Backzeit: ca. 25-30 Minuten

Gefüllte Mohn-Hasen
(für 4 große und 4 kleine Hasen)

HEFETEIG:

500 g Mehl
1 Pä. Trockenhefe
1 Btl. Citro-back
1 Pr. Salz
75 g Zucker
225 ml lauwarme Milch
125 g weiche Butter
1 Ei
1 Eigelb

FÜLLUNG:

1 Btl. Mohn-back
1 Btl. Citro-back
100 g Süße Mandeln gehackt
100 g Creme fraiche

AUSSERDEM:

1 Ei
1 EL Milch

DEKORATION:

175 g Puderzucker
3 - 4 EL Zitronensaft
1 Pckg. Gebäck-Schmuck

1. Mehl, Trockenhefe, Citro-back, Salz und Zucker mischen. Milch, Butter, Ei und Eigelb zufügen und verkneten, bis sich der Teig vom Schüsselrand löst. Teig zugedeckt an einem warmen Ort gehen lassen, bis sich das Teigvolumen verdoppelt hat.
2. Für die Füllung Mohn-back, Citro-back, gehackte Mandeln und Creme fraiche verrühren. Inzwischen das Ei trennen. Eigelb mit der Milch verquirlen. Eiweiß beiseite stellen.
3. Den Hefeteig nochmals gut durchkneten und auf einer bemehlten Arbeitsfläche 1/2 cm dünn ausrollen. Für einen großen Hasen jeweils zwei Kreise in den Größen Ø 10 cm, Ø 6 cm und Ø 2 cm sowie zwei Ohren ausstechen bzw. ausschneiden. Auf je einen Kreis mit Ø 10 cm und Ø 6 cm einen Eßlöffel Füllung verteilen. Dabei ca. 1/2 cm Rand lassen. Die Ränder mit dem Eiweiß bepinseln. Den jeweiligen zweiten Kreis darauflegen und an den Rändern leicht andrücken. Den kleinen Kreis als Kopf, den größeren als Bauch und die kleinen Kreise als Füße mit etwas Eiweiß aneinanderkleben. Ohren ebenfalls so ansetzen.
4. Für die kleinen Hasen jeweils zwei Kreise in den Größen Ø 6 cm, Ø 4,5 cm und Ø 2 cm sowie zwei Ohren ausschneiden. Die Hasen, gefüllt mit einem gehäuften Teelöffel Mohnfüllung, wie die großen Hasen zusammensetzen. Hasen auf ein mit Backpapier belegtes Backblech legen. Mit Eigelb bepinseln und im vorgeheizten Backofen backen. Auskühlen lassen.

Beheizung:
E-Herd: 190°
Gas: Stufe 3

Backzeit:
ca. 20 Minuten

5. Für die Dekoration Puderzucker mit Zitronensaft zu einem dickflüssigen Guß verrühren. In einen Gefrierbeutel geben und eine kleine Spitze abschneiden. Die Hasen mit Zuckerguß verzieren und sofort mit Gebäck-Schmuck dekorieren. Nach Belieben einige Spaghetti kleinbrechen und als Barthaare in den Kopf stecken.

Fruchtige Marzipan-Enten und -Hasen
(ca. 18 Stück)

MARZIPANMASSE:

100 g getrocknete Ananasstücke
200 g Feine Marzipan Rohmasse
1 Btl. Citro-back
2 Btl. Kirschwasser-back
1 Btl. Pistazien gehackt
20 g Puderzucker

DEKORATION:

150 g Weiße Kuvertüre
50 g Vollmilch-Kuvertüre

1. Ananasstücke sehr fein hacken. Ananas mit Feiner Marzipan Rohmasse, Citro-back, Kirschwasser-back und gehackten Pistazien verkneten.
2. Masse mit Puderzucker bestäuben und zwischen zwei Gefrierbeuteln ca. 1 cm dick ausrollen. Enten- und Hasenausstechformen in Puderzucker tauchen und Enten sowie Hasen ausstechen.
3. Für die Dekoration Kuvertüren getrennt nach Packungsanleitung schmelzen.
4. Enten und Hasen auf eine Gabel legen und mit weißer Kuvertüre überziehen. Auf Backpapier trocknen lassen.
5. Vollmilch-Kuvertüre in einen Gefrierbeutel geben und eine kleine Spitze abschneiden. Die Konturen mit Vollmilch-Kuvertüre nachmalen.

Osterhasen
(2 Stück)

RÜHRTEIG:

- *150 g Butter*
- *125 g Zucker*
- *2 Pä. Vanillezucker*
- *1 Pr. Salz*
- *2 Btl. Citro-back oder Rum-back*
- *3 Eier*
- *100 g Mehl*
- *50 g Speisestärke*
- *2 TL Backpulver*
- *2 Pckg. Schoko Tröpfchen*
- *Semmelmehl zum Ausstreuen der Form*

DEKORATION:

- *1 Btl. Kuchenglasur Vollmilch*
- *1 Btl. Kuchenglasur Zitrone*
- *1 Pckg. Zuckerstreusel*
- *1 Pckg. Gebäck-Schmuck*
- *1 Pckg. Zuckerschrift*

1. Butter, Zucker, Vanillezucker, Salz und Citro-back verrühren. Eier nacheinander zufügen. Weiterrühren bis der Zucker gelöst ist. Mehl, Speisestärke und Backpulver mischen. Mehlgemisch unterrühren. Zum Schluß Schoko Tröpfchen zufügen.

2. Teig in zwei gut gefettete und mit Semmelmehl bestreute Hasenformen füllen. Im vorgeheizten Backofen backen. Nach dem Backen noch 10 Minuten in der Form ruhen lassen. Dann die Form vorsichtig öffnen und Hasen auf einem Kuchengitter abkühlen lassen. Kuchenglasuren nach Packungsanleitung schmelzen.

3. Einen Hasen mit Kuchenglasur Vollmilch überziehen und noch feucht mit Zuckerstreuseln und Gebäck-Schmuck verzieren. Den zweiten Hasen mit Kuchenglasur Zitrone überziehen und ebenfalls noch feucht verzieren. Trocknen lassen und mit Zuckerschrift Augen und Ohren malen.

Beheizung:	E-Herd: 175°
	Gas: Stufe 2
Backzeit:	ca. 50 Minuten

Mandel-Hasen
(ca. 12 Stück)

MANDELTEIG:

- *2 Eiweiß*
- *200 g Zucker*
- *1 Pr. Salz*
- *2 Btl. Rum-back*
- *400 g Süße Mandeln gemahlen*
- *1/2 FL Bittermandelaroma*

AUSSERDEM:

- *1 Eigelb*
- *1 EL Milch*

DEKORATION:

- *200 g Nußnougat*
- *1 Pckg. Gebäck-Schmuck*
- *200 g Feine Marzipan Rohmasse*
- *1 Btl. Pistazien gehackt*

1. Eiweiß steif schlagen. Zucker und Salz langsam einrieseln lassen. Rum-back, 350 g gemahlene Mandeln und das Bittermandelaroma unter rühren und alles zu einem glatten Teig verarbeiten. Teig eine Stunde ruhen lassen.
2. Anschließend zwischen zwei aufgeschnittenen, leicht bemehlten Gefrierbeuteln ca. 1/2 cm dick ausrollen.
3. Mit Hilfe einer Schablone Hasen ausschneiden. Eigelb mit Milch verquirlen. Hasen auf ein mit Backpapier belegtes Backblech legen, mit verquirltem Eigelb bepinseln und mit den restlichen gemahlenen Mandeln bestreuen. Im vorgeheizten Backofen backen. Anschließend auf einem Kuchengitter auskühlen lassen.
4. Nußnougat nach Packungsanleitung schmelzen. Mit einem feinen Pinsel die Konturen der Hasen nachmalen. Augen und Nasen mit Gebäck-Schmuck verzieren. Trocknen lassen.

5. Feine Marzipan Rohmasse zu kleinen Kugeln formen und in gehackten Pistazien wälzen. Die Hasen jeweils mit etwas Nußnougat in zwei Marzipankugeln drücken und damit aufstellen.

Beheizung:	E-Herd: 190° Gas: Stufe 3
Backzeit:	ca. 12 - 15 Minuten

Grapefruit-Törtchen
(12 Stück)

MÜRBETEIG:

175 g Mehl
100 g Haselnüsse gemahlen
125 g Puderzucker
200 g Butter
2 Btl. Rum-back
1 Eigelb
50 g Raspelschokolade Zartbitter
100 g Haselnüsse gehackt

CREME:

8 Blatt weiße Gelatine
2 Pink Grapefruit
40 g Zucker
300 g Vanillejoghurt
1 Btl. Orange-back
250 g Schlagsahne
50 g Raspelschokolade Zartbitter

DEKORATION:

3 Pink Grapefruit
1 Pckg. Schoko Dessert -Dekor
1 Topf Minze
125 g Aprikosen-Konfitüre EXTRA

1. Mehl, Haselnüsse, Puderzucker, Butter, Rum-back, Eigelb und Raspelschokolade zu einem Teig verkneten. Zugedeckt im Kühlschrank 30 Minuten ruhen lassen. Anschließend in 12 Teile portionieren und in gut gefettete und bemehlte Tortlettförmchen (Ø 10 cm) füllen.
2. Gehackte Haselnüsse darüberstreuen, leicht eindrücken und im vorgeheizten Backofen backen. 10 Minuten in der Form ruhen lassen und anschließend vorsichtig stürzen.

3. Für die Creme Gelatine in kaltem Wasser einweichen. Grapefruit auspressen und den Saft mit Zucker, Joghurt und Orange-back verrühren. Gelatine nach Packungsanleitung auflösen und zur Creme geben. Sobald die Creme zu gelieren beginnt, die steifgeschlagene Sahne unterheben.
4. Jeweils etwas Creme in die Tortletts füllen, restliche Raspelschokolade darauf verteilen und restliche Creme darübergeben. Ca. 1 Std.kalt stellen.
5. Für die Dekoration Grapefruitschale dick abschälen, so daß die weiße Haut entfernt ist. Anschließend Frucht-Filets herausschneiden.

6. Die Törtchen mit Grapefruitfilets, Schoko Dessert-Dekor und Minze verzieren. Aprikosen-Konfitüre verrühren, die Filets damit bestreichen.

Beheizung: E-Herd: 190°
Gas: Stufe 3
Backzeit: 15 - 19 Minuten

Zitronenfalter

BISKUITTEIG:

3 Eier
3 EL Zitronen- oder Orangensaft
90 g Zucker
75 g Mehl
50 g Speisestärke
1 Btl. Citro-back
2 TL Backpulver
100 g Sukkade

CREME:

8 Blatt weiße Gelatine
500 g Vollmilch-Joghurt
Saft von drei Zitronen
100 - 125 g Zucker (je nach Geschmack)
2 Pä. Vanillezucker
2 Btl. Citro-back
600 g Schlagsahne

DEKORATION:

150 g Physalis (Kapstachelbeeren)
3 Kiwi
1 Papaya
1 Btl. Pistazien gehackt
1 Pckg. Schoko Dessert-Dekor
1 Pckg. Zuckerblümchen
einige Stiele Zitronenmelisse

1. Eier trennen. Eiweiß mit Zitronensaft steif schlagen. Zucker langsam einrieseln lassen und solange weiterrühren bis der Zucker gelöst ist. Mehl, Speisestärke, Citro-back, Backpulver und sehr fein gehackte Sukkade mischen. Eigelb mit dem Mehlgemisch vorsichtig unterheben.
2. Teig in eine mit Backpapier ausgelegte Springform (Ø 26 cm) füllen und im vorgeheizten Backofen backen. Biskuit nach dem Backen noch 10 Minuten in der Form ruhen lassen. Anschließend mit einem scharfen Messer vom Rand lösen. Auskühlen lassen.
3. Inzwischen Gelatine in kaltem Wasser einweichen. Joghurt, Zitronensaft, Zucker und Vanillezucker verrühren. Gelatine nach Packungsanleitung auflösen und zur Zitronen-Joghurt-Masse geben. Wenn die Creme zu gelieren beginnt, die steif geschlagene Sahne unterheben.

4. Tortenboden einmal waagerecht durchschneiden. Um den unteren Boden einen Tortenring legen und die Hälfte der Creme daraufgeben.
Den zweiten Boden auflegen und die restliche Creme darauf verteilen. Torte ca. 2 Std. abgedeckt in den Kühlschrank stellen.
5. Anschließend Physalis in Scheiben schneiden. Kiwi und Papaya schälen, Papayakern entfernen. Kiwi in Scheiben, Papaya in Spalten schneiden. Den Tortenring vorsichtig entfernen.
6. Die Torte halbieren und die Tortenhälften umgekehrt zu einem Schmetterling zusammensetzen.
7. Auf einen langen Holzspieß 10-12 Kiwischeiben (als Körper) längs aufspießen.
Als Fühler je 1/2 Physalis legen. Schmetterlingsflügel mit Früchten, gehackten Pistazien und Schoko Dessert-Dekor verzieren.
Zuckerblümchen und Zitronenmelisse um den Zitronenfalter legen.

Beheizung: E-Herd: 190°
Gas: Stufe 3
Backzeit: ca. 25 Minuten

Erdbeer-Torte

MÜRBETEIG:

150 g Mehl
50 g Süße Mandeln gemahlen
80 g Zucker
150 g Butter
1 Btl. Citro-back

MANDELTEIG:

100 g Butter
100 g Zucker
2 Eier
125 g Mehl
2 TL Backpulver
50 g Süße Mandeln gemahlen

AUSSERDEM:

200 g Feine Marzipan Rohmasse
125 g Erdbeer-Konfitüre EXTRA
2 Btl. Kirschwasser-back

CREME:

8 Blatt weiße Gelatine
750 g Erdbeeren
40 g Zucker
2 Pä. Bourbon-Vanillezucker
1 Btl. Citro-back
400 g Schlagsahne

DEKORATION:

250 g Erdbeeren
150 g Weiße Kuvertüre
1 Pckg. Schoko Dekor Herzen

1. Zutaten für den Mürbeteig in eine Schüssel geben und zu einem Teig verkneten. Zugedeckt ca. 30 Min. in den Kühlschrank stellen. Inzwischen die Zutaten für Mandelteig in eine Schüssel geben und 5 Minuten bei höchster Stufe rühren.
2. Teig in eine gefettete quadratische Backform (24 cm) füllen und im vorgeheizten Backofen backen. 10 Minuten in der Form ruhen lassen. Vorsichtig auf ein Kuchengitter stürzen und abkühlen lassen.
3. Mürbeteig auf Backpapier zu einem Quadrat (24 cm) ausrollen. Im vorgeheizten Backofen backen. Abkühlen lassen.
4. Feine Marzipan Rohmasse mit Erdbeer-Konfitüre und Kirschwasser-back verrühren. Masse vorsichtig auf dem Mürbeteig verteilen. Darauf den Mandelteig geben.

5. Für die Creme Gelatine in kaltem Wasser einweichen. Erdbeeren putzen und waschen. 500 g Erdbeeren mit dem Zucker, Vanillezucker und Citro-back pürieren. 250 g Erdbeeren in Stücke schneiden. Erdbeerpüree und Erdbeerstücke verrühren. Gelatine nach Packungsanleitung auflösen und zum Erdbeerpüree geben. Sobald die Creme zu gelieren beginnt, die steif geschlagene Sahne unterheben.
6. Creme auf dem Kuchen ringsherum verteilen. Ca. 1 Stunde in den Kühlschrank stellen.

7. Inzwischen Erdbeeren putzen und waschen.
75 g Kuvertüre zu Spänen hobeln. Restliche Kuvertüre nach Packungsanleitung schmelzen. Die Hälfte der Erdbeeren halb eintauchen und auf Backpapier legen und fest werden lassen.
Restliche Erdbeeren halbieren.
8. Torte mit Erdbeeren, Kuvertürespänen und Schoko Dekor Herzen verzieren.

Mandelteig:
Beheizung: E-Herd 175°
Gas: Stufe 2
Backzeit: 30 Minuten

Mürbeteig:
Beheizung: E-Herd 190°
Gas: Stufe 3
Backzeit: 15 Minuten

Erdbeer-Biskuit-Rolle

BISKUITTEIG:

4 Eiweiß
4 EL kaltes Wasser
200 g Zucker
1 Btl. Kirschwasser-back
4 Eigelb
100 g Haselnüsse gemahlen
100 g Süße Mandeln gemahlen
1 TL Backpulver

FÜLLUNG:

500 g Mascarpone (ital. Frischkäse)
250 g Vanillequark
2 Btl. Orange-back
1 Btl. Pistazien gehackt
nach Belieben 1 EL Puderzucker
500 g Erdbeeren

DEKORATION:

1 Pckg. Schoko Dekor Blätter, Weiße Schokolade
1 Btl. Pistazien gehackt

1. Eiweiß und Wasser sehr steif schlagen. Zucker unter rühren einrieseln lassen. Kirschwasser-back und Eigelb nacheinander zufügen. Gemahlene Haselnüsse und Mandeln sowie Backpulver mischen und unter die Masse heben.
2. Biskuitmasse auf ein mit Backpapier ausgelegtes Backblech geben und im vorgeheizten Backofen backen. Biskuitplatte sofort nach dem Backen auf ein mit Zucker bestreutes Geschirrtuch stürzen und das Backpapier abziehen. Mit dem Tuch einrollen und erkalten lassen.
3. Für die Füllung Mascarpone und Vanillequark verrühren. Orangeback und gehackte Pistazien unterheben. Mit Puderzucker abschmekken. Erdbeeren waschen und putzen. Einige Erdbeeren für die Dekoration beiseite stellen. Die restlichen Früchte klein schneiden und unter die Hälfte der Creme ziehen.
4. Die Biskuitplatte wieder ausrollen und mit der Erdbeercreme bestreichen. Teigplatte mit Hilfe des Tuches wieder möglichst fest aufrollen. Außen mit der restlichen Creme bestreichen und mit Schoko Dekor Blättern, Erdbeeren und gehackten Pistazien verzieren.

Beheizung:	E-Herd: 200° Gas: Stufe 3
Backzeit:	ca. 12 Minuten

Zu Schritt **1**

Zu Schritt **2**

Marzipan-Erdbeer-Torte

MÜRBETEIG:

125 g Mehl
50 g Zucker
1 Pr. Salz
100 g Butter
1 kl. Eigelb

MANDELTEIG:

100 g Weiße Kuvertüre
50 g Butter
50 g Zucker
2 Btl. Rum-back
3 Eier
100 g Süße Mandeln gemahlen
1 TL Backpulver

CREME:

8 Blatt weiße Gelatine
1 kg Erdbeeren
75 g Zucker
1 Btl. Citro-back
Saft einer Zitrone
400 ml Schlagsahne
125 g Erdbeer-Konfitüre EXTRA

DEKORATION:

200 g Feine Marzipan Rohmasse
100 g Puderzucker
1 Pckg. 4 Back & Speisefarben, rot
125 g Erdbeeren
50 g Weiße Kuvertüre

1. Mehl, Zucker, Salz, Butter und Eigelb zu einem Mürbeteig verkneten.
2. Backpapier auf einen Springformboden geben und den Mürbeteig darauf ausrollen. Teig mehrfach mit einer Gabel einstechen und im vorgeheizten Backofen goldbraun backen. Auf einem Kuchengitter abkühlen lassen.
3. Für den Mandelteig Kuvertüre in Stücke schneiden und nach Packungsanleitung schmelzen. Butter und Zucker verrühren. Rum-back zufügen. Eier trennen. Eigelb nacheinander unterrühren. Kuvertüre unterheben. Eiweiß steif schlagen und auf den Teig geben. Gemahlene Mandeln und Backpulver mischen. Das Mandelgemisch über das Eiweiß streuen und vorsichtig unterheben.
4. Teig in eine mit Backpapier ausgelegte Springform (Ø 26 cm) geben und im vorgeheizten Ofen backen. 10 Minuten in der Form ruhen lassen. Anschließend auf einem Kuchengitter auskühlen lassen.
5. Für die Creme Gelatine in kaltem Wasser einweichen. Erdbeeren waschen und putzen. Die Hälfte der Erdbeeren vierteln, den Rest pürieren. Gelatine nach Packungsanleitung auflösen und zufügen. Zucker, Citro-back und Zitronensaft zufügen. Sahne steif schlagen und mit den Erdbeeren unter die gelierende Creme heben.
6. Mürbeteigboden mit Erdbeer-Konfitüre bestreichen. Den Mandelboden daraufsetzen. Einen Tortenring um die Böden legen. Creme auf den Mandelboden geben und glatt streichen. Torte 60 Min. in den Kühlschrank stellen.
7. Inzwischen Feine Marzipan Rohmasse mit Puderzucker verkneten und mit roter Back & Speisefarbe rosa einfärben. Zwei Drittel des Marzipans zu einem dünnen, 6 cm breiten und 45 cm langen Teigstreifen ausrollen. Restliches Marzipan zwischen zwei Gefrierbeuteln dünn ausrollen und Herzen ausstechen. Tortenring vorsichtig entfernen.
8. Marzipanstreifen um den Tortenrand legen. Torte mit Marzipanherzen, Erdbeeren und gehobelter Kuvertüre verzieren.

Beheizung:
Mürbeteig: E-Herd: 200°
Gas: Stufe 3
Mandelteig: E-Herd: 175°
Gas: Stufe 2

Backzeit:
Mürbeteig: 15 - 18 Minuten
Mandelteig: 45 - 50 Minuten

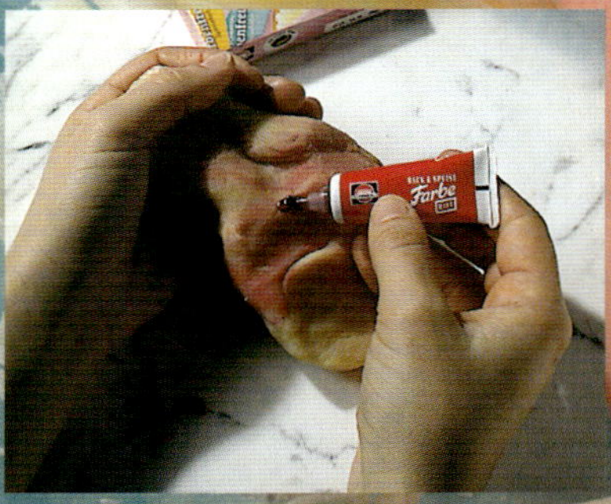

Zu Schritt **7**

Zu Schritt **8**

Marmorierte Torte

MÜRBETEIG:

200 g Mehl
1 Msp. Backpulver
1 Pr. Salz
1 Btl. Citro-back
50 g Haselnüsse gemahlen
70 g Zucker
125 g Butter
1 Ei

QUARKMASSE:

150 g weiche Butter
200 g Zucker
4 Eier
500 g Magerquark
Saft einer Zitrone
1 Btl. Citro-back
15 Blatt weiße Gelatine
1/4 l Sahne
1 Btl. Frutta-Mix

GUSS:

1 Fl. Erdbeer-Sauce
1 Fl. Sahne-Sauce mit Vanille-Geschmack
1 Fl. Wildbeer-Sauce
6 Blatt weiße Gelatine

1. Mehl, Backpulver, Salz, Citro-back und Haselnüsse miteinander mischen. Zucker, Butter in Flocken und Ei dazugeben. Mit den Knethaken des Handrührers einen glatten Teig kneten. 1/2 Stunde kühl stellen.
2. Den Teig zwischen zwei Gefrier-beuteln ausrollen, und in eine mit Backpapier ausgelegte Springform (Ø 26 cm) legen. Den Teig mit einer Gabel einstechen. Im vorgeheizten Backofen hellbraun backen.
3. Für die Quarkmasse weiche Butter schaumig schlagen. Dann nach und nach den Zucker und die Eier unterrühren. Quark, Zitronensaft und Citro-back zufügen und alles gut verrühren. Die Gelatine nach Packungsanleitung auflösen und unterrühren. Wenn die Masse zu gelieren beginnt, die steifgeschlagene Sahne und Frutta-Mix unterziehen.
4. Den Tortenboden in die Springform füllen, glatt streichen und im Kühlschrank etwa 2 Stunden kühlen.
5. Die Saucen jeweils getrennt in Rührschüsseln füllen und evtl. Fruchtstückchen mit einer Gabel zerdrücken. In jede Soße 2 Blatt eingeweichte, aufgelöste Gelatine rühren.
6. Dann sofort in großen Klecksen auf der Torte verteilen. Mit einem dünneren Holzlöffelstiel Schlangenlinien durchziehen, bis ein hübsches marmoriertes Muster entsteht. Die Torte nochmals kalt stellen und vor dem Servieren aus der Form lösen.

Beheizung:	E-Herd: 190 Grad Gas: Stufe 3
Backzeit:	15 Minuten

Erdbeer-Himbeer-Herz

BLÄTTERTEIG-BÖDEN:

6 Blätterteigplatten (350 g)
1 Eiweiß
100 g Süße Mandeln gehobelt
30 g Zucker
1 Btl. Orange-back

CREME:

9 Blatt weiße Gelatine
500 g Erdbeeren
250 g Speisequark (20% Fett)
Saft einer Zitrone
1 Btl. Citro-back
75 g Zucker
400 g Schlagsahne
250 g Himbeeren

DEKORATION:

50 g Weiße Kuvertüre
1 Pckg. Feine Dekor Rosen

1. Blätterteig nach Packungsanweisung auftauen. Je zwei der sechs Platten auf Backpapier übereinander legen, leicht bemehlen und zu einem Rechteck ausrollen. Jeweils mit Hilfe einer Schablone oder Backform ein Herz (ca. 22 cm) ausschneiden.
2. Die drei Herzen mit Eiweiß bepinseln und mit den gehobelten Mandeln bestreuen. Zucker und Orange-back mischen und Herzen ebenfalls damit bestreuen.
3. Nacheinander die drei Herzen im vorgeheizten Backofen backen. Auf einem Kuchengitter abkühlen lassen.
4. Für die Creme Gelatine nach Packungsanweisung auflösen. Erdbeeren putzen, waschen und pürieren. Mit Quark, Zitronensaft, Citro-back und Zucker verrühren. Gelatine unterrühren. Wenn die Creme zu gelieren beginnt, steifgeschlagene Sahne und Himbeeren unterheben.
5. Je 1/3 der Creme auf einen Herzboden streichen und die Böden übereinandersetzen. Ca. 2 Stunden in den Kühlschrank stellen.
6. Für die Dekoration weiße Kuvertüre raspeln. Herz mit Feinen Dekor Rosen und geraspelter Kuvertüre verzieren und anschließend sofort servieren.

Beheizung: E-Herd: 200°
Gas: Stufe 3

Backzeit: ca. 12 - 15 Minuten pro Boden

TIP:

Torte mit einem Elektromesser oder einem scharfen, geriffelten Brotmesser schneiden, da die Böden sonst leicht brechen.

Himbeer-Mandel-Torte

MANDEL-BISKUIT:

4 Eier
3 EL Wasser
100 g Zucker
1 Pr. Salz
100 g Süße Mandeln gemahlen
50 g Mehl
2 TL Backpulver
100 g Raspelschokolade Zartbitter

CREME:

11 Blatt weiße Gelatine
375 g Himbeeren
1/4 l Milch
120 g Zucker
2 Pä. Bourbon-Vanillezucker
4 Eigelb
500 g Vollmilch-Joghurt
2 Btl. Kirschwasser-back
350 g Schlagsahne

DEKORATION:

100 g Süße Mandeln gehobelt
250 g Schlagsahne
1 Pckg. Feine Dekor Rosen
125 g Himbeeren

1. Für den Mandel-Biskuit die Eier trennen und das Eiweiß mit Wasser steif schlagen. Zucker und Salz langsam einrieseln lassen und so lange weiterrühren, bis der Zucker gelöst ist. Mandeln, Mehl, Backpulver und Raspelschokolade mischen. Das Eigelb und das Mehlgemisch unter die Eiweißmasse heben.
2. Den Teig in eine am Boden mit Backpapier ausgelegte Springform (Ø 26 cm) füllen. Im vorgeheizten Ofen goldbraun backen. Anschliessend auf einem Kuchengitter auskühlen lassen.
3. Für die Creme die Gelatine in kaltem Wasser einweichen. Die Himbeeren pürieren, und wenn gewünscht, durch ein Sieb streichen.
4. Den Tortenboden einmal waagerecht halbieren. Um die untere Hälfte einen Tortenring legen. Milch, Zucker, Vanillezucker und Eigelb unter Rühren erhitzen (die Creme darf nicht kochen) bis die Creme auf dem Kochlöffel leicht angedickt liegen bleibt (zur Rose abziehen). Von der Herdplatte nehmen und den Joghurt unterrühren. Joghurtcreme halbieren. 7 Blatt Gelatine nach Packungsanleitung auflösen und unter die eine Hälfte der Joghurtcreme rühren. Himbeerpüree und Kirschwasserback zufügen. Die restliche Gelatine nach Packungsanleitung auflösen und unter die andere Hälfte der Joghurtcreme rühren. Sahne steif schlagen und halbieren. Sobald die Himbeercreme zu gelieren beginnt, die Sahne unterheben.

5. Die Himbeercreme auf den unteren Boden geben und glatt streichen. Kurz in den Kühlschrank stellen.
6. Die restliche Sahne unter die verbliebene Joghurtcreme heben. Nach 10 Minuten auf die Himbeercreme geben und glatt streichen. Die obere Tortenbodenhälfte auflegen und ca. 1 Stunde in den Kühlschrank stellen.
7. Zum Verzieren die Mandelblättchen in einer beschichteten Pfanne goldbraun rösten und abkühlen lassen. Den Tortenring abnehmen. Die Sahne steif schlagen und die Torte rundherum damit bestreichen. Den Tortenrand mit Mandeln bestreuen und die Tortenoberfläche mit Dekor Rosen und Himbeeren verzieren.

Beheizung:	E-Herd: 190°
	Gas: Stufe 3
Backzeit:	ca. 25-30 Minuten

Himbeer-Windbeutel
(ca. 30 Stück)

BRANDTEIG:

- *3/8 l Wasser*
- *75 g Butter*
- *1 Pr. Salz*
- *225 g Mehl*
- *4 Eier*
- *1 Btl. Kirschwasser-back*

FÜLLUNG:

- *400 g Schlagsahne*
- *150 g Weiße Kuvertüre*
- *500 g Himbeeren*
- *1 Btl. Sahnesteif*
- *1 Btl. Citro-back*

DEKORATION:

- *1 Btl. Kuchenglasur Haselnuß*
- *1 Btl. Kuchenglasur dunkel*
- *1 Pckg. Schoko Alphabet & Ziffern*

1. Für den Brandteig Wasser, Butter, und Salz aufkochen. Mehl zufügen. So lange rühren, bis ein Kloß entsteht und sich am Topfboden eine milchige Schicht bildet. Sofort ein Ei unterrühren. Dann den Teigkloß in eine Schüssel geben und die restlichen Eier nacheinander unterrühren. Kirschwasser-back zugeben.

2. Brandteig in einen Spritzbeutel mit glatter Tülle geben und damit etwas größere Teigtupfer auf ein mit Backpapier belegtes Backblech spritzen. Im vorgeheizten Backofen auf mittlerer Schiene backen.

3. Für die Füllung Sahne erhitzen und gehackte Kuvertüre darin schmelzen. Kurz aufkochen und kalt stellen. Himbeeren verlesen. Einige für die Dekoration beiseite stellen.
4. Die gut gekühlte Kuvertüre-Sahne mit Sahnesteif und Citro-back steif schlagen.
5. Die abgekühlten Windbeutel aufschneiden und mit Schokoladen-Sahne füllen. Darauf die Himbeeren geben.

6. Kuchenglasuren nach Packungsanleitung auflösen. Die oberen Teile der Windbeutel mit Kuchenglasur Haselnuß überziehen. Mit der dunklen Kuchenglasur streifenartig dekorieren. Mit Schoko Alphabet Namen auf der Kuchenglasur befestigen.
7. Die Windbeutel zusammensetzen und mit den restlichen Himbeeren dekorieren.

Beheizung:	E-Herd: 200° Gas: Stufe 3
Backzeit:	ca. 40 Minuten

Mascarpone-Torte mit Früchten

RÜHRTEIG:

75 g Halbbitter-Kuvertüre
40 g Margarine
3 Eiweiß
100 g Zucker
1 Pr. Salz
3 Eigelb
50 g Mehl
50 g Süße Mandeln gemahlen
25 g Speisestärke
1 TL Backpulver

CREME:

4 Blatt weiße Gelatine
4 Eigelb
50 g Zucker
2 Pä. Vanillezucker
250 g Mascarpone
250 g Speisequark (20% Fett)
4 Eiweiß
50 ml starken kalten Kaffee
1 Doppel-Btl. Rum-back

DEKORATION:

1 Pckg. Raspelschokolade Zartbitter
1 Pckg. Schoko Dessert Dekor
250 g Himbeeren, Erdbeeren oder Heidelbeeren (frisch oder tiefgekühlt)
Zitronenmelisse

1. Kuvertüre in Stücke schneiden. Im heißen Wasserbad auflösen. Margarine schmelzen. Eiweiß steif schlagen. Zucker und Salz langsam einrieseln lassen. Eigelb kurz unterrühren. Kuvertüre und Margarine verrühren. Mehl, Mandeln, Speisestärke und Backpulver mischen. Sämtliche Zutaten zufügen und vorsichtig unterheben.
2. Teig in eine mit Backpapier ausgelegte Springform (Ø 22 cm) geben. Im vorgeheizten Ofen backen. Springformrand lösen. Boden abkühlen lassen.

3. Inzwischen Gelatine in kaltem Wasser einweichen. Eigelb, Zucker und Vanillezucker dickschaumig schlagen. Mascarpone und Quark unterrühren. Gelatine nach Packungsanweisung auflösen und unterrühren. Eiweiß steif schlagen und unterheben.
4. Tortenboden einmal quer durchschneiden. Kaffee und Rumback verrühren. Böden damit beträufeln. 1/4 der Creme auf den unteren Boden geben. Oberen Tortenboden darauflegen. Mit 1/4 der Creme bestreichen. Tortenrand glatt streichen. Restliche Creme in eine flache Schüssel füllen. Creme und Torte im Kühlschrank ca. 1 Std. fest werden lassen.

5. Mit 1 Eßlöffel Nocken (Eiform) abstechen und auf die Torte setzen.
6. Tortenrand mit Raspelschokolade bestreuen. Zwischen den Nocken Schoko Dessert-Dekor setzen. In die Mitte Himbeeren oder Erdbeeren oder Heidelbeeren setzen. Nach Belieben mit Zitronenmelisseblättern verzieren.

Beheizung:	E-Herd: 190°
	Gas: Stufe 2 - 3
Backzeit:	ca. 35 - 40 Minuten

Kirsch-Sahne-Torte

BISKUITTEIG:

100 g Halbbitter-Kuvertüre
100 g Butter
100 g Zucker
1 Pr. Salz
1 Pä. Vanillezucker
1 Btl. Rum-back
4 Eier
100 g Süße Mandeln gemahlen
50 g Zwiebackbrösel

CREME:

6 Blatt weiße Gelatine
1 kg Sauerkirschen
60 g Zucker
1 Btl. Citro-back
2 Btl. Kirschwasser-back
2 Pä. Bourbon-Vanillezucker
500 g Schlagsahne
50 g Raspelschokolade Vollmilch

AUSSERDEM:

4 Blatt Gelatine
40 g Zucker

DEKORATION:

50 g Halbbitter-Kuvertüre
50 g Weiße Kuvertüre
50 g Raspelschokolade Vollmilch
1 Pckg. Schoko Dekor Blätter, Weiße Schokolade
100 g Sauerkirschen

1. Kuvertüre nach Packungsanweisung schmelzen. Butter, Zucker, Salz, Vanillezucker und Rum-back verrühren. Eier trennen. Eigelb unterrühren. Kuvertüre zufügen. Eiweiß steif schlagen und auf die Schokomasse geben. Gemahlene Mandeln und Zwiebackbrösel darübergeben und vorsichtig unterheben.
2. Teig in eine mit Backpapier ausgelegte Springform (Ø 26 cm) füllen und im vorgeheizten Backofen backen. Boden auf einem Kuchengitter auskühlen lassen.
3. Für die Creme Gelatine in kaltem Wasser einweichen. Kirschen waschen und entsteinen. 1/3 beiseite stellen, den Rest pürieren. Die Hälfte hiervon beiseite stellen. Den Rest mit Zucker, Citro-back, Kirschwasser-back und Vanillezucker verrühren. Gelatine nach Packungsanweisung auflösen und unterrühren. Sahne steif schlagen, mit dem beiseite gestellten Drittel der Kirschen und der Raspelschokolade unter die gelierende Masse geben.

4. Einen Tortenring um den Boden geben. Kirschcreme daraufstreichen. Gelatine in kaltem Wasser einweichen. Zucker mit dem beiseite gestellten Kirschpürree verrühren. Gelatine nach Packungsanleitung auflösen und zum Kirschpürree geben. Anschließend auf die Kirschcreme geben.
5. Torte zwei Stunden in den Kühlschrank stellen. Tortenring vorsichtig lösen. Halbbitter-Kuvertüre und Weiße Kuvertüre getrennt nach Packungsanweisung auflösen. Halbbitter-Kuvertüre dünn auf ein Marmorbrett streichen. Mit einem Spachtel Späne aus der noch nicht ganz fest gewordenen Kuvertüre schaben.
6. Die Kirschen zur Hälfte in die weiße Kuvertüre eintauchen und auf einem Kuchengitter trocknen lassen. Die Torte mit Kuvertüre-Spänen, Raspelschokolade, Schoko Dekor Blättern und Sauerkirschen verzieren.

Beheizung:
E-Herd: 175°
Gas: Stufe 2
Backzeit:
ca. 45 - 50 Min.

Kirsch-Quadrat
(ca. 12 Stück)

RÜHRTEIG:

150 g Butter
200 g Puderzucker
2 Pä. Bourbon-Vanillezucker
1 Btl. Orange-back
1 Btl. Citro-back
5 Eier
1 kg Magerquark
2 Pä. Vanillepuddingpulver
150 g Haselnüsse gehackt
100 g Orangeat

AUSSERDEM:

40 g Butter
50 g Haselnüsse gehackt
500 g Sauerkirschen (alternativ: Kirschen aus dem Glas oder tiefgekühlt)

DEKORATION:

150 g Aprikosen-Konfitüre EXTRA
1 Topf Zitronenmelisse
1 Btl. Pistazien gehackt
1 Pckg. Zuckerblümchen

1. Weiche Butter, Puderzucker, Vanillezucker, Orange-back und Citro-back verrühren. Eier nacheinander unterrühren. Quark, Puddingpulver, gehackte Haselnüsse und sehr fein gehacktes Orangeat unterrühren.
2. Eine quadratische Backform (ca. 24 x 24 cm) mit Backpapier auslegen und am Boden fetten. Mit gehackten Haselnüssen ausstreuen. Die Quarkmasse daraufgeben, glatt streichen und mit den entsteinten Kirschen belegen.

3. Im vorgeheizten Backofen goldbraun backen. Kuchen nach dem Backen vorsichtig auf ein mit Backpapier belegtes Kuchengitter stürzen. Kuchen zum Auskühlen wieder wenden.
4. Für die Dekoration Aprikosen-Konfitüre erhitzen und durch ein Sieb streichen. Den noch warmen Kuchen damit bepinseln. Mit Zitronenmelisse, gehackten Pistazien und Zuckerblümchen verzieren.

Beheizung: E-Herd: 150°
Gas: Stufe 2
Backzeit: ca. 2 Std.

TIP:

Alternativ zu der quadratischen Form kann auch eine Springform (Ø 26 cm) verwendet werden.

Pfirsich-Kuchen

BISKUITBODEN:

75 g Halbbitter-Kuvertüre
4 Eier
125 g Zucker
2 Btl. Kirschwasser-back
2 EL lauwarmes Wasser
125 g Buchweizenmehl
2 TL Backpulver
1 EL Kakao

FÜLLUNG:

7 Blatt weiße Gelatine
500 g reife Pfirsiche (alternativ: Dosen-Pfirsiche)
250 g Mascarpone
300 g Vollmilch-Joghurt
75 g Zucker
1 Btl. Citro-back
Schale und Saft einer Limette
Saft einer Zitrone
Saft einer Orange
150 g Schlagsahne

DEKORATION:

250 g Schlagsahne
250 g Pfirsiche
75 g Halbbitter-Kuvertüre
1 Pckg. Schoko Dessert-Dekor
einige Stiele Zitronenmelisse

1. Halbbitter-Kuvertüre in kleine Stücke schneiden und nach Packungsanleitung schmelzen. Eier, Zucker, Kirschwasser-back und Wasser ca. 5 Minuten schaumig schlagen. Buchweizenmehl, Backpulver und Kakao mischen. Das Mehlgemisch auf den Eierschaum sieben. Die Kuvertüre darübergeben und alles vorsichtig mit einem Schneebesen unterheben.
2. Den Teig auf ein mit Backpapier ausgelegtes Backblech geben und glatt streichen. Im vorgeheizten Backofen backen. Anschließend auf ein mit Zucker bestreutes Geschirrtuch stürzen. Das Backpapier abziehen und auf den Kuchen ein feuchtes Geschirrtuch legen. Abkühlen lassen.

3. Für die Füllung Gelatine in kaltem Wasser einweichen. Pfirsiche mit kochendem Wasser überbrühen, kalt abschrecken, pellen und entsteinen. Fruchtfleisch würfeln. Mascarpone, Joghurt, Zucker und Citro-back mit Limettenschale und -saft sowie dem Zitronen- und Orangensaft verrühren. Gelatine nach Packungsanleitung auflösen und unterrühren. Wenn die Creme zu gelieren beginnt, die steif geschlagene Sahne und Pfirsichwürfel unterheben.
4. Die Biskuitplatte zu einem Rechteck von 20 x 24 cm und einem Streifen von 10 x 24 cm schneiden. Eine Kastenform (Länge ca. 24 cm) mit Frischhaltefolie auslegen. Die Biskuitplatte vorsichtig in die Form legen.

5. Pfirsichcreme in die Form füllen und glatt streichen. Den Biskuitstreifen auflegen und leicht andrücken. Zugedeckt ca. 1 Stunde im Kühlschrank kalt stellen. Anschließend vorsichtig aus der Form stürzen.
6. Für die Dekoration Sahne steif schlagen. Pfirsiche in Spalten schneiden. Kuvertüre nach Packungsanleitung schmelzen. Sahne in einen Spritzbeutel mit Lochtülle geben und den Kuchen damit verzieren.Pfirsichspalten darauflegen.Kuvertüre in einen kleinen Gefrierbeutel oder in ein Pergamenttütchen geben und die äußerste Ecke abschneiden. In Zick-Zack-Linien Kuvertüre über den Kuchen geben. Mit Schoko Dessert-Dekor und Zitronen-melisse verzieren.

Beheizung: E-Herd: 190°
Gas: Stufe 3
Backzeit: ca. 15 Min.

Johannisbeer-Torte
(12 Stück)

RÜHRTEIG:

100 g Butter
100 g Zucker
1 Btl. Citro-back
1 Ei (oder nur 3 Eigelb)
100 g Mehl
50 g Stärkemehl
1/2 Pä. Backpulver
Fett für die Form

MARZIPANCREME:

100 g Feine Marzipan Rohmasse
2 Btl. Rum-back

QUARK-JOGHURT-CREME:

6 Blatt weiße Gelatine
150 g Schlagsahne
200 g Magerquark
150 g Trinkmilch-Joghurt
50 g Zucker

FRUCHTGELEE:

500 g rote Johannisbeeren (oder jedes andere Beerenobst)
8 Blatt rote Gelatine
1/2 l roter, gesüßter Fruchtsaft
1 - 2 EL Zucker

DEKORATION:

1 Btl. Pistazien gehackt
1 Pckg. Schoko Dekor Blätter, Zartbitter
1 Ds. Dekor Schnee

1. Butter, Zucker, Citro-back und Ei schaumig rühren, bis der Zucker gelöst ist. Mehl, Stärkemehl und Backpulver mischen und eßlöffelweise einrühren. In die gefettete Springform (Ø 26 cm) geben und die Oberfläche glätten. Im vorgeheizten Backofen goldgelb backen.
2. In der Form auskühlen lassen. Der Kuchen wird in der geschlossenen Form fertiggestellt.
3. Für die Marzipan-Creme die Feine Marzipan Rohmasse mit Rum-back und etwas kaltem Wasser streichfähig rühren. Auf den kalten Tortenboden streichen.
4. Für die Quark-Joghurt-Creme Gelatine in kaltem Wasser einweichen und nach Packungsanleitung auflösen. Schlagsahne steif schlagen. Quark, Joghurt und Zucker cremig rühren. Gelatine einrühren und sobald die Masse zu gelieren beginnt, die Sahne unterheben. Auf die Marzipanmasse streichen. Im Kühlschrank fest werden lassen.
5. Für das Fruchtgelee die Beeren abspülen, gut abtropfen lassen und verlesen. Auf die feste Quarkcreme geben. Aufgelöste Gelatine und Fruchtsaft mischen und über die Früchte gießen. Im Kühlschrank erstarren lassen. Aus der Form lösen.
6. Für die Dekoration kurz vor dem Servieren mit gehackten Pistazien, Schoko Dekor Blättern und Dekor Schnee verzieren.

Beheizung: E-Herd: 190°
Gas: Stufe 2 - 3
Backzeit: ca. 25 - 30 Minuten

Johannisbeer-Kuchen

HEFETEIG:

400 g Mehl
100 g Süße Mandeln gemahlen
100 g Zucker
1 Pä. Trockenhefe
1 Prise Salz
1 Btl. Orange-back
200 ml Milch
125 g Butter
1 Ei

AUSSERDEM:

1 kg Johannisbeeren
250 g Crème fraîche
4 Eier
100 g Zucker
1 Btl. Orange-back
1/2 TL Zimt
1 Pä. Vanillepuddingpulver

DEKORATION:

1 Dose Dekor Schnee
1 Btl. Pistazien gehackt
100 g Süße Mandeln gehobelt

1. Mehl, Mandeln, Zucker, Trockenhefe, Salz und Orange-back mischen. Lauwarme Milch, flüssige Butter und Ei zur Mehlmischung geben. Teig ca. 3 - 4 Minuten verkneten. Schüssel mit einem Tuch abdecken und an einem warmen Ort ca. 35 Minuten gehen lassen.

2. Inzwischen Johannisbeeren von den Rispen lösen, waschen und abtropfen lassen. Crème fraîche, Eier, Zucker, Orange-back, Zimt und Vanillepuddingpulver verrühren.

3. Hefeteig nochmals gut durchkneten Teig auf ein gefettetes tiefes Backblech geben. Johannisbeeren darauf verteilen. Crème fraîche-Guß darüber gießen. Nochmals 15 Minuten gehen lassen.
4. Im vorgeheizten Backofen goldbraun backen. Abkühlen lassen.
5. Gehobelte Mandeln in einer beschichteten Pfanne goldbraun rösten. Kuchen mit Mandeln, Dekor Schnee, Pistazien verzieren.

Beheizung:	E-Herd: 190° Gas: Stufe 3
Backzeit:	ca. 35 Minuten

Heidelbeer-Marzipan-Kuchen

RÜHRTEIG:

200 g Butter
150 g Zucker
1 Pr. Salz
1 Btl. Rum-back
4-5 Tropfen Bittermandelöl
100 g Feine Marzipan Rohmasse
4 Eier
100 g Schmand
225 g Mehl
100 g Süße Mandeln gemahlen
3 TL Backpulver

AUSSERDEM:

250 g Heidelbeeren

DEKORATION:

100 g Feine Marzipan Rohmasse
50 g Puderzucker
1 Pckg. 4 Back & Speisefarben
1 - 2 Btl. Kuchenglasur Zitrone
1 Pckg. Zuckerblümchen
125 g Heidelbeeren

1. Butter, Zucker, Salz, Rum-back, Bittermandelöl und geraffelte Marzipan Rohmasse schaumig schlagen. Die Eier trennen und das Eigelb nach und nach unterrühren. Den Schmand zufügen und so lange weiterrühren, bis der Zucker gelöst ist. Mehl, Mandeln und Backpulver mischen. Unter die Eigelbmasse rühren. Eiweiß steif schlagen und unterheben.
2. Die gewaschenen und abgetropften Heidelbeeren unter den Teig heben und anschließend in eine gefettete Kastenform (30 cm) füllen. Im vorgeheizten Backofen goldbraun backen, anschließend 5 Minuten in der Form ruhen lassen. Dann vorsichtig auf ein Kuchengitter stürzen.
3. Für die Dekoration Marzipan Rohmasse mit Puderzucker miteinander verkneten und mit grüner Back & Speisefarbe zart grün färben. Das Marzipan mit einem Küchenhobel grob raffeln. Die Kuchenglasur nach Packungsanweisung schmelzen und den Kuchen damit überziehen.

Zu Schritt **3**

Zu Schritt **3**

4. Zum Schluß den Kuchen mit Marzipan, Zuckerblümchen und Heidelbeeren verzieren.

Beheizung: E-Herd: 175 °
Gas: Stufe 2-3
Backzeit: ca. 65-70 Minuten

Brombeer-Quark-Kuchen
(24 Stück)

HEFETEIG:

350 g Mehl
25 g frische Hefe
1/8 l Milch
60 g Butter
40 g Zucker
1 Pr. Salz
1 Btl. Citro-back
1 Pä. Sukkade
2 Eier

QUARKMASSE:

3 Eier
100 g Zucker
1 Pr. Salz
1 Btl. Citro-back
750 g Magerquark

BUTTER-EIERMASSE:

120 g Butter
100 g Zucker
2 Pä. Bourbon-Vanillezucker
3 Eier
30 g Mehl

AUSSERDEM:

375 g Brombeeren
40 g Süße Mandeln gehobelt

DEKORATION:

150 g Weiße Kuvertüre
1 Btl. Pistazien gehackt
1 Pckg. Schokoladen Streusel

1. Mehl in eine Schüssel geben und in die Mitte eine Vertiefung drücken. Die Hefe mit lauwarmer Milch verrühren, in die Mulde geben und ca. 15 Min. zugedeckt gehen lassen. Flüssige Butter, Zucker, Salz, Citro-back, sehr fein gehackte Sukkade und Eier zum Vorteig geben und zu einem glatten Hefeteig verkneten. Teig zugedeckt ca. 30 Min. gehen lassen.
2. Inzwischen für die Quarkmasse Eier, Zucker, Salz und Citro-back verrühren. Den Quark zufügen und cremig rühren.
3. Für die Butter-Eiermasse Butter mit Zucker und Vanillezucker verrühren.

Zu Schritt **4**

2 Eier nacheinander unterrühren. Das Mehl zufügen und anschließend das letzte Ei unterrühren.
4. Den Hefeteig kräftig durchkneten und auf einem tiefen, eingefetteten Backblech ausrollen. Die Quarkmasse darauf glattstreichen. Erst die Brombeeren darüber verteilen und dann die Butter-Eiermasse darauf glattsteichen. Mit gehobelten Mandeln bestreuen und nochmals 10 Min. gehen lassen. Den Teig im vorgeheizten Backofen goldbraun backen. Anschliessend abkühlen lassen und den Kuchen in 24 Dreiecke schneiden.
5. Für die Dekoration die Kuvertüre nach Packungsanweisung schmelzen und in kleinen Gefrierbeutel geben. Eine äußere Spitze des Beutels abschneiden und die Dreiecke mit der Kuvertüre verzieren. Zum Schluß die Dreicke abwechselnd mit Pistazien und Schokoladenstreuseln bestreuen.

Beheizung:	E-Herd 190° Gas: Stufe 3
Backzeit	ca. 35-40 Min.

Zu Schritt **5**

Gedeckte Apfel-Torte

QUARKTEIG:

- *175 g Butter*
- *175 g Magerquark*
- *175 g Mehl*
- *1 Pr. Salz*
- *1 Btl. Citro-back*

FÜLLUNG:

- *1 kg säuerliche Äpfel (z.B. Boskop, Elstar oder Cox Orange)*
- *75 g Butter*
- *40 g Zucker*
- *100 g Süße Mandeln gehobelt*
- *1 Btl. Rum-Rosinen*
- *1 Btl. Citro-back*
- *75 g Schlagsahne*

DEKORATION:

- *250 g säuerliche Äpfel*
- *75 ml Apfelsaft*
- *325 g Schlagsahne*
- *1 Pä. Sahnesteif*
- *1 Pä. Bourbon-Vanillezucker*
- *2 Btl. Rum-back*
- *1 Pckg. Schoko Dekor Flocinos*
- *einige Stiele Zitronenmelisse*

1. Alle Zutaten für den Teig miteinander verkneten. Teig abgedeckt 3 Stunden in den Kühlschrank stellen.
2. 2/3 des Teiges auf einer bemehlten Arbeitsfläche rund ausrollen (Ø ca. 34 cm) und in eine Kuchenform mit Wellenrand und herausnehmbaren Boden (Ø 24 cm) geben. Dabei den Rand vorsichtig andrücken.
3. Für die Füllung Äpfel schälen, entkernen und in Spalten schneiden. Butter in einen Topf geben und erhitzen. Zucker, gehobelte Mandeln, Rum-Rosinen, Citro-back und Sahne zufügen.
Ca. 2 Minuten aufkochen und dann etwas abkühlen lassen. Äpfel auf den Tortenboden geben und das Mandel-Rosinen-Gemisch darübergeben.

Zu Schritt **3**

4. Den restlichen Teig rund ausrollen (Ø ca. 24 cm) und auf die Äpfel legen. Den Rand leicht andrücken und den Kuchen im vorgeheizten Backofen goldbraun backen. Nach dem Backen noch 10 Minuten in der Form ruhen lassen, anschliessend vorsichtig den Rand lösen. Torte herausheben und auf einem Kuchengitter abkühlen lassen.

Zu Schritt **4**

5. In der Zwischenzeit die Äpfel für die Dekoration waschen, das Kerngehäuse entfernen und die Äpfel in Spalten schneiden (nach Belieben können die Äpfel auch geschält werden). Die Apfelspalten in Apfelsaft ca. 2 Minuten dünsten. Vorsichtig herausnehmen und abtropfen lassen.
6. Sahne mit Sahnesteif, Vanillezucker und Rum-back steif schlagen. Die Rum-Sahne auf die Apfeltorte geben. Mit Schoko Dekor Flocinos, Apfelspalten und Zitronenmelisse verzieren. Damit der Boden schön knusprig bleibt, anschließend gleich verzehren.

Beheizung:	E-Herd: 175°
	Gas: Stufe 2
Backzeit:	ca. 65-70 Min.

Gefüllter Gugelhupf

QUARKTEIG:

225 g Magerquark
100 g Butter
100 g Zucker
1 Btl. Citro-back
1 Pr. Salz
1 Pä. Vanillezucker
2 Eier
375 g Mehl
2 TL Backpulver

FÜLLUNG:

375 g säuerliche Äpfel
200 g getrocknete Aprikosen
200 g Feine Marzipan Rohmasse
50 g Butter
1 Ei
100 g Süße Mandeln gemahlen
1 Btl. Citro-back
1 Btl. Rum-Rosinen

DEKORATION:

100 g Aprikosen-Konfitüre EXTRA
2 Btl. Pistazien gehackt
1 Pckg. Schoko Blättchen

1. Abgetropften Quark, weiche Butter, Zucker, Salz, Vanillezucker, Citro-back und Eier verrühren. Mehl und Backpulver mischen und unterrühren bzw. unterkneten.
2. Für die Füllung Äpfel schälen und in Spalten schneiden. Aprikosen fein hacken. Feine Marzipan Rohmasse, Butter, Ei, Mandeln und Citro-back verrühren. Rum-Rosinen und Apfelspalten zufügen.
3. Teig auf einer gut bemehlten Arbeitsfläche zu einem Rechteck von ca. 60 x 30 cm ausrollen. Füllung darauf verteilen und von der Längsseite aufrollen.
4. Rolle in eine gefettete Gugelhupfform (ø 24 cm) füllen. Im vorgeheizten Backofen backen.
5. Gugelhupf mit Aprikosen-Konfitüre bestreichen. Nach Belieben mit Pistazien oder Schoko-Blättchen bestreuen.

Beheizung: E-Herd: 190°
Gas: Stufe 2 - 3
Backzeit: ca. 55 - 65 Minuten

Pflaumen-Rahm-Torte

HEFETEIG:

250 g Mehl
100 g Süße Mandeln gemahlen
1 Btl. Citro-back
40 g Zucker
1 Pr. Salz
1/2 Pä. Trockenhefe
150 ml Milch
50 g Butter
1 Ei

BELAG:

1 kg Pflaumen
100 g Süße Mandeln gesplittert

GUSS:

200 g Schlagsahne
2 Eier
20 g Speisestärke
40 g Zucker
1 Btl. Citro-back
1 Pr. Zimt

DEKORATION:

1 Btl. Pistazien gehackt
1 Ds. Dekor Schnee

1. Mehl, gemahlene Mandeln, Citro-back, Zucker, Salz und Hefe mischen. Die lauwarme Milch, weiche Butter und Ei zufügen. Mit den Knethaken des Handrührgerätes solange rühren, bis sich der Teig vom Schüsselrand löst. Den Teig mit einem Geschirrtuch abdecken und an einem warmen Ort ca. 40 Minuten gehen lassen.
2. Inzwischen die Pflaumen waschen und entsteinen. Hefeteig nochmals gut durchkneten. Den Teig in eine am Boden mit Backpapier ausgelegte Springform (Ø 28 cm) füllen. Pflaumen auf den Hefeteig geben und mit den gesplitterten Mandeln bestreuen. Abgedeckt nochmals 20 Minuten gehen lassen.

3. Die Zutaten für den Guß verrühren und über die Pflaumen gießen. Im vorgeheizten Backofen. Den Springformrand vorsichtig lösen und die Torte auf einem Kuchengitter abkühlen lassen.

4. Mit gehackten Pistazien bestreuen und mit Dekor Schnee bestäuben. Nach Belieben geschlagene Sahne dazu servieren.

Beheizung:	E-Herd: 190°
	Gas: Stufe 3
Backzeit:	ca. 60 Minuten

Pflaumen-Schokocreme-Torte

RÜHRTEIG:

125 g Butter
100 g Zucker
1 Pr. Salz
1/2 TL Zimt
2 Eier
125 g Mehl
50 g Haselnüsse gehackt
2 TL Backpulver
5 - 6 EL Milch

AUSSERDEM:

1 kg Pflaumen
1/4 l Rotwein oder Traubensaft
50 g Zucker
1 Btl. Citro-back
1/4 TL Zimt

CREME:

4 Blatt Gelatine
150 g Halbbitter-Kuvertüre
3 Eier
2 Pä. Bourbon-Vanillezucker
2 Btl. Kirschwasser-back
400 ml Schlagsahne

VERZIERUNG:

50 g Haselnüsse gehackt
1 Pckg. Schoko Dekor Blätter, Weiße Schokolade
1 Topf Minze

1. Butter, Zucker, Salz und Zimt miteinander verrühren. Die Eier nacheinander unter die Buttermasse rühren und so lange weiterrühren, bis der Zucker gelöst ist.
Mehl, Haselnüsse und Backpulver mischen. Das Mehlgemisch mit der Milch unter die Ei-Buttermasse rühren.
2. Den Teig in eine am Boden mit Backpapier ausgelegte Springform (Ø 26 cm) füllen und im vorgeheizten Ofen backen. Anschließend auf einem Kuchengitter abkühlen lassen.
3. Die Pflaumen waschen, abtropfen und entsteinen.
Mit Rotwein oder Traubensaft, Zucker, Citro-back und Zimt ca. 3 Min. dünsten. Die Pflaumen auf ein Sieb geben und den Saft auffangen.
4. Für die Creme Gelatine in kaltem Wasser einweichen und die Kuvertüre nach Packungsanleitung schmelzen. Die Eier im heißen Wasserbad mit Vanillezucker und Kirschwasser-back schaumig rühren.
5. Die Gelatine nach Packungsanleitung auflösen und zusammen mit der geschmolzenen Kuvertüre unter die Ei-Zuckermasse rühren. Die Sahne steif schlagen und unter die Creme heben.
6. Um den Boden einen Tortenring legen und eine Hälfte der Creme auf dem Boden verteilen. Von den Pflaumen einige zur Verzierung beiseite stellen. Die übrigen Pflaumen auf der Creme verteilen und die restliche Creme darüber geben und glatt streichen.
Ca. 2 Stunden in den Kühlschrank stellen.
7. Anschließend den Tortenring entfernen. Den Rand mit Haselnüssen bestreuen. Die Tortenoberfläche mit Pflaumen, Schoko Dekor Blättern und Minzblättchen verzieren.

Beheizung:	E-Herd:	175°
	Gas:	Stufe 2
Backzeit:	ca. 30 Minuten	

Zu Schritt **3**

Zu Schritt **7**

Marzipan-Pflaumen-Kuchen

RÜHRTEIG:

100 g Butter oder Margarine
100 g Zucker
2 Eier
1 Pr. Salz
1 Btl. Rum-back
150 g Weizenmehl
1 TL Backpulver
100 g Süße Mandeln gehackt
1 EL Semmelmehl für die Form
Fett für die Form

BELAG:

100 g Feine Marzipan Rohmasse
50 g Puderzucker
1 kg Pflaumen
1 Ds. Dekor Schnee

1. Butter, Zucker und Eier schaumig rühren. Salz und Rum-back unterrühren. Mehl und Backpulver auf die Masse sieben. Mandeln unterheben.
2. Springform (Ø 26 cm) fetten und mit Semmelmehl ausstreuen. Die Hälfte des Teiges einfüllen. Feine Marzipan Rohmasse auf Puderzucker ausrollen und auf den eingefüllten Teig legen. Leicht andrücken und die zweite Teighälfte darauf streichen.
3. Pflaumen entsteinen, halbieren und kreisförmig dicht nebeneinander in den Teig stecken. Die Torte im vorgeheizten Ofen backen.
4. Nach dem Backen mit Dekor Schnee bestreuen.

Beheizung: E-Herd: 180° - 200°
Gas: Stufe 2 - 3
Backzeit: 50 - 60 Minuten

Trauben-Marzipan-Muffins
(für 12 Stück)

RÜHRTEIG:

125 g Butter
75 g Zucker
1 Pr. Salz
2 Btl. Rum-back
3 Eier
175 g Mehl
100 g Süße Mandel gemahlen
3 TL Backpulver
4 EL Milch
200 g Feine Marzipan Rohmasse
1 Pckg. Schwartau Schoko Tröpfchen

AUSSERDEM:

350 g kernlose Weintrauben

DEKORATION:

150 g Vollmilch-Kuvertüre
350 g kernlose Weintrauben
50 g Weiße Kuvertüre

1. Butter, Zucker, Salz und Rumback verrühren. Eier nacheinander zugeben und solange weiterrühren, bis der Zucker gelöst ist. Mehl, gemahlene Mandeln und Backpulver mischen. Mehlgemisch und Milch kurz unterrühren. Feine Marzipan Rohmasse in kleine Würfel schneiden. Marzipanwürfel und Schoko Tröpfchen leicht bemehlen und vorsichtig unterrühren.
2. Den Teig in die gefetteten Muffin-Förmchen geben und die Weintrauben vorsichtig in den Teig stecken. Muffins im vorgeheizten Backofen backen. Anschließend 10 Minuten in den Förmchen ruhen lassen und dann vorsichtig stürzen. Muffins auf einem Kuchengitter abkühlen lassen.
3. Für die Dekoration Vollmilch-Kuvertüre nach Packungsanleitung schmelzen. Die untere Hälfte der Muffins in die Kuvertüre tauchen. Umgedreht trocknen lassen.
4. Weintrauben zur Hälfte in die Vollmilch-Kuvertüre tauchen. Auf Backpapier legen und fest werden lassen.

5. Muffins wieder umdrehen und mit den Weintrauben belegen. Weiße Kuvertüre hobeln und die Muffins damit verzieren.

Zu Schritt **1**

Zu Schritt **4**

Beheizung:	E-Herd: 175°
	Gas: Stufe 2
Backzeit:	ca. 30 - 35 Minuten

Ananas-Torte

MÜRBETEIG:

225 g Mehl
1 Btl. Citro-back
75 g Puderzucker
1 Prise Salz
125 g Butter
1 Eigelb
200 g Nußnougat
100 g Süße Mandeln gehobelt

CREME:

1 reife Ananas
Saft von 2 Orangen
7 Blatt weiße Gelatine
250 g Mascarpone
300 g Vollmilchjoghurt
80 g Zucker
1 Btl. Citro-back
Saft von 2 Limetten
250 g Schlagsahne

DEKORATION:

1 Pckg. Schoko Dekor Blätter, Zartbitter
1 Pckg. Zuckerblümchen
1 Topf Zitronenmelisse

1. Mehl, Citro-back, Puderzucker, Salz, Butter und Eigelb zu einem Teig verkneten. Teig zugedeckt ca. 30 Minuten kalt stellen.
2. Anschließend auf einer bemehlten Arbeitsfläche ausrollen. Teig in eine Springform (Ø 24 cm) mit Wellenrand und herausnehmbarem Boden geben. Einen Bogen Backpapier auf den Teig legen und zum Blindbacken bis zum Rand mit getrockneten Erbsen füllen. Im vorgeheizten Backofen backen. Erbsen und Backpapier entfernen und goldbraun weiterbacken.
10 Minuten in der Form ruhen lassen. Anschließend vorsichtig herausnehmen. Auf einem Kuchengitter abkühlen lassen.
3. Nußnougat im Wasserbad schmelzen lassen. Mandeln in einer beschichteten Pfanne goldbraun rösten. Nußnougat mit Mandeln mischen. Auf den Mürbeteigboden geben und glatt streichen.
4. Für die Creme Ananas in Scheiben schneiden (4 dünne Scheiben zur Verzierung beiseite stellen) und schälen. Den harten Strunk entfernen. Fruchtfleisch fein würfeln und mit Orangensaft 2 Minuten aufkochen. Auf einem Sieb abtropfen lassen. Saft auffangen.
5. Gelatine in kaltem Wasser einweichen. Abgekühlten Orangensaft mit Mascarpone, Joghurt, Zucker, Citro-back und Limettensaft verrühren. Gelatine nach Packungsanleitung auflösen und zur Mascarpone geben. Ananaswürfel unterrühren. Sobald die Creme zu gelieren beginnt, die steifgeschlagene Sahne unterheben.
6. Creme auf die Nougat-Mandelschicht geben. Ca. 2 Stunden in den Kühlschrank stellen. Anschließend mit Ananasscheiben, Schoko Dekor Blättern, Zucker blümchen und Zitronenmelisse verzieren.

Beheizung:	E-Herd: 190° Gas: Stufe 3
Backzeit:	12 Minuten (mit Erbsen) 8 - 10 Minuten

Marzipan-Bäumchen
(6 Stück)

QUARK-ÖL-TEIG:

125 g Magerquark
100 g flüssige Butter
50 g Zucker
1 Btl. Citro-back
1 Pr. Salz
1 Ei
200 g Mehl
2 TL Backpulver

FÜLLUNG:

250 g säuerliche Äpfel (z.B. Elstar)
100 g Haselnüsse gehackt
200 g Feine Marzipan Rohmasse

AUSSERDEM:

1 Ei
1 EL Milch

DEKORATION:

1 Pckg. Zuckerschrift
1 Pckg. Marzipan Bären

1. Quark, flüssige Butter, Zucker, Citro-back, Salz und Ei verrühren. Mehl und Backpulver mischen und unter den Teig kneten.
2. Für die Füllung Äpfel schälen, Kerngehäuse entfernen und Äpfel grob reiben. 70 g Haselnüsse zufügen und Marzipan Rohmasse darüber reiben.
3. Den Teig auf einer bemehlten Arbeitsfläche ca. 5 mm dünn ausrollen. 12 Bäume (ca. 13 cm Höhe) ausschneiden. Ei trennen. 6 Bäume mit Eiweiß bepinseln. Die Füllung auf die bepinselten Bäume geben, dabei rundherum einen kleinen Rand lassen. Restliche Bäume darauflegen und am Rand leicht andrücken.
4. Bäume auf ein mit Backpapier belegtes Backblech legen. Eigelb mit Milch verrühren. Bäume damit bepinseln und den Stamm mit gehackten Haselnüssen bestreuen. Im vorgeheizten Ofen goldbraun backen. Anschließend auf einem Kuchengitter abkühlen lassen.
5. Für die Dekoration grüne und rote Zuckerschrift ca. 1 Minute in heißes Wasser legen. Hinterher beide Tuben kräftig kneten. Die Baumkronen mit grüner Zuckerschrift verzieren. Mit roter Zuckerschrift Äpfel aufmalen. Marzipan Bären in die Bäume setzen.

Beheizung: E-Herd: 175 °C
Gas: Stufe 2
Backzeit: ca. 25 Min.

Clown-Muffins

RÜHRTEIG:

125 g Butter
100 g Zucker
1 Btl. Citro-back
1 Pr. Salz
3 Eier
125 g Mehl
100 g Süße Mandeln gehackt
2 TL Backpulver
1 Dose Mandarinen (Einwaage 185 g)

HONIG-MÜRBETEIG:

150 g Mehl
75 g Butter
50 g Honig (3 - 4 EL)
1 Btl. Citro-back

DEKORATION:

1 Pckg. Bunte Dekor Clowns
1 Pckg. Zuckerschrift
1 Pckg. Gebäck-Schmuck
1 Btl. Kuchenglasur Zitrone

1. Alle Rührteigzutaten bis auf die Mandarinen in eine Schüssel geben. Ca. 3 - 4 Minuten mit dem Handmixer auf höchster Stufe verrühren. Teig in 12 kleine Papierbackförmchen füllen. Abgetropfte Mandarinen darauf verteilen und die Muffins im vorgeheizten Backofen backen, danach auskühlen lassen.
2. Inzwischen den Honig-Mürbeteig zubereiten. Dafür Mehl, Butter, Honig und Citro-back verkneten. Den Teig auf einer bemehlten Arbeitsfläche ausrollen und 6 Figuren ausstechen oder nach eigenen Schablonen ausschneiden. Den Figuren nach Belieben große Clownschuhe formen. Im vorgeheizten Backofen backen, danach ebenfalls ganz auskühlen lassen.
3. Die abgekühlten Figuren mit Bunten Dekor Clowns, Zuckerschrift und Gebäck-Schmuck verzieren.
4. Kuchenglasur nach Packunganleitung schmelzen und die kleinen Kuchen damit überziehen. Muffins mit Gebäck-Schmuck verzieren. In die Hälfte der Muffins Bunte Dekor Clowns stekken. Auf die restlichen Muffins Clown-Figuren mit Hilfe von Holzspießen auf die einzelnen Muffins stellen.

Beheizung:	E-Herd 175° Gas Stufe 2
Backzeit:	ca. 50 - 55 Minuten

Schokoladen-Brötchen
(ca. 18 Stück)

HEFETEIG:

- *500 g Mehl*
- *1 Pä. Trocken-Backhefe*
- *80 g Zucker*
- *1 Pr. Salz*
- *1 Btl. Orange-back*
- *1 Ei*
- *1/4 l lauwarme Milch*
- *100 g weiche Butter*
- *Backförmchen aus Papier*
- *Geschirrtuch zum Abdecken*

FÜLLUNG:

- *75 g weiche Butter*
- *100 g Raspelschokolade Vollmilch*

GLASUR UND DEKORATION:

- *1 Btl. Kuchenglasur Vollmilch*
- *1 Pckg. Zuckerpuppen*

1. Mehl in eine Rührschüssel sieben, mit Trockenhefe mischen. Zucker, Salz, Orange-back, Ei, Milch und Butter dazu geben und alles mit dem Knethaken durchkneten. Anschließend noch einmal auf einer bemehlten Arbeitsplatte mit den Händen durcharbeiten. Den Teig wieder in die Schüssel füllen und mit einem Geschirrtuch abgedeckt an einem warmen Ort so lange gehen lassen, bis er sich verdoppelt hat.
2. Teig etwa 1/2 cm dick ausrollen, mit Butter bestreichen, mit Raspelschokolade bestreuen und von der längeren Seite her aufrollen. Rolle in 2 - 3 cm dicke Scheiben schneiden, jeweils eine Scheibe in ein Papierbackförmchen legen, noch einmal aufgehen lassen und im vorgeheizten Backofen backen. Gebäck abkühlen lassen
3. Für die Dekoration die Kuchenglasur nach Packungsanleitung schmelzen. Papierförmchen vom Gebäck abziehen, mit der Kuchenglasur überziehen und mit den angegebenen Zutaten wahlweise verzieren. Evtl. in neue Förmchen setzen.

Beheizung: E-Herd: 200°C
Gas: Stufe 3
Backzeit: etwa 15 Min.

ABC
FIBEL
1×7=

Lesefibel

RÜHRTEIG:

300 g Butter
200 g brauner Zucker
2 Pä. Bourbon-Vanillezucker
1 Btl. Citro-back
1 Btl. Orange-back
5 - 6 Eier (350 g)
Saft einer Orange
Saft einer Zitrone
300 g Aurora-Weizenmehl Type 550
1 Pä. Vanillepuddingpulver
1 Pä. Backpulver
100 g Süße Mandeln gesplittert

ZUM TRÄNKEN:

1 Pä. Bourbon-Vanillezucker
Saft einer Orange

DEKORATION:

3 Btl. Kuchenglasur Zitrone
1 Pckg. 4 Back & Speisefarben
1 Pckg. Schoko Alphabet & Ziffern
1 Pckg. Gebäck-Schmuck
1 Pckg. Zuckerschrift
200 g Feine Marzipan Rohmasse
100 g Puderzucker

1. Butter, Zucker, Vanillezucker, Citro-back und Orange-back verrühren. Eier nacheinander unterrühren. Weiterrühren bis der Zukker gelöst ist. Orangen- und Zitronensaft zufügen. Weizenmehl, Puddingpulver, Backpulver und geplitterte Mandeln mischen. Kurz unterrühren.

2. Teig in eine gefettete, quadratische Backform (Kastenlänge ca. 24 cm) füllen und im vorgeheizten Backofen backen.

3. In der Zwischenzeit Vanillezucker und Orangensaft in einen kleinen Topf geben und einmal aufkochen lassen. Kuchen direkt nach dem Backen mehrfach mit einem Holzstäbchen einstechen und mit dem Saftgemisch bepinseln. Noch 5 Minuten in der Form ruhen lassen. Anschließend vorsichtig auf Backpapier stürzen und ganz auskühlen lassen.

4. Für die Dekoration Kuchenglasur nach Packungsanleitung auflösen. Die Glasur mit Back & Speisefarbe gelb einfärben und den Kuchen damit überziehen. Mit Schoko Alphabet & Ziffern, Gebäck-Schmuck und Zuckerschrift verzieren.

5. Feine Marzipan Rohmasse mit dem Puderzucker verkneten. Mit Back & Speisefarbe die Hälfte kräftig grün, die andere Hälfte orange färben. Grünes Marzipan zwischen zwei Gefrierbeutel dünn ausrollen. In Kantenlänge einen Streifen schneiden, der so breit ist, wie der Kuchen hoch. Auf einer Seite als Buchrücken an den Kuchen legen. Mit Zuckerschrift beschriften. Auf den übrigen drei Kanten mit Zukkerschrift dünne Linien als Seiten zeichnen. Aus dem restlichen grünen Marzipan dünne Rollen formen. Die Fibel damit auf der Kuchenoberfläche umranden.

6. Aus dem orangefarbenen Marzipan Malstifte formen und mit Zuckerschrift verzieren.

Beheizung:	E-Herd: 175°C Gas: Stufe 2
Backzeit:	ca 50-55 Min.

Wüsten-Torte

RÜHRTEIG:

200 g Schlagsahne
100 g Zucker
1 Pä. Bourbon-Vanillezucker
1 Pr. Salz
1 Btl. Orange-back
3 kleine Eier
150 g Mehl
2 TL Backpulver
50 g Haselnüsse gemahlen
1 Pckg. Raspelschokolade Vollmilch

FÜLLUNG:

500 g reife Pfirsiche oder 1 große Dose (480 g Einwaage)
Saft von zwei Orangen
Saft von einer Zitrone
50 g Zucker
1 Btl. Citro-back
1 Pä. Bourbon-Vanillezucker
7 Blatt weiße Gelatine
300 g Schlagsahne

DEKORATION:

1 Pckg. Schoko Dekor Zoo
1 - 2 Pfirsiche
Zitronenmelisse
1 Btl. Pistazien gehackt

1. Sahne steif schlagen. Zucker, Vanillezucker, Salz, Orange-back und Eier unterrühren. Mehl, Backpulver, gemahlene Haselnüsse und Raspelschokolade unter den Teig rühren.
2. Teig in eine mit Backpapier ausgelegte Springform (Ø 26 cm) geben und im vorgeheizten Backofen backen. Evtl. zwischendurch mit Alufolie abdecken. Abkühlen lassen.
3. Für die Füllung Pfirsiche häuten, halbieren und Steine entfernen. Fruchtfleisch mit Orangen- und Zitronensaft pürieren. Zucker, Citro-back und Vanillezucker zufügen. Gelatine nach Packungsanleitung auflösen und zum Fruchtpüree geben. Wenn das Püree zu gelieren beginnt, die steif geschlagene Sahne unterheben. Creme im Kühlschrank etwas fest werden lassen. Danach Creme wolkenartig auf dem Tortenboden verteilen.
4. Mit Schoko Dekor Zoo, gehäuteten Pfirsichhälften, Zitronen-melisse und gehackten Pistazien verzieren.

Beheizung: E-Herd: ca. 190°
Gas: Stufe 1
Backzeit: ca. 45 Minuten

Mäuse-Torte

RÜHRTEIG:

250 g Butter oder Margarine
150 g Zucker
4 Eier
1 Pr. Salz
1/2 Btl. Orange-back
100 g Weizenmehl
50 g Speisestärke
2 gestr. TL Backpulver
100 g Schwartau Süße Mandel gemahlen

AUSSERDEM:

Saft von 2 Orangen zum Beträufeln

DEKORATION:

200 g Feine Marzipan Rohmasse
100 g Puderzucker
1 Pckg. Zuckerschrift
100 g Süße Mandeln gehobelt
150 g Vollmilch-Kuvertüre
1 Pckg. Raspelschokolade Vollmilch
1 Btl. Pistazien gehackt

1. Butter und Zucker schaumig rühren. Solange weiterrühren bis sich der Zucker gelöst hat. Eier leicht verschlagen, nacheinander unterrühren. Salz und Orange-back einstreuen. Mehl, Speisestärke und Backpulver mischen, auf den Teig sieben und mit den Mandeln unterheben.
2. Den Boden einer Springform (Ø 26 cm) mit Backpapier auslegen. Teig in die Springform geben und im vorgeheizten Ofen backen. Torte aus der Form lösen, Backpapier abziehen und abkühlen lassen.
3. Mit einem Stäbchen Löcher in die Torte stechen und den Orangensaft einträufeln.
4. Feine Marzipan Rohmasse mit gesiebtem Puderzucker verkneten. Aus dem Marzipan kleine Mäuse formen. Mit Zuckerschrift Augen und Nase malen. Die gehobelten Mandeln als Ohren einsetzen.
5. Kuvertüre nach Packungsanleitung schmelzen und damit die Torte überziehen. Marzipanmäuse auf die Torte setzen und alles mit Raspelschokolade und gehackten Pistazien verzieren.

Beheizung: E-Herd: 180° - 200°
Gas: Stufe 2 - 3
Backzeit: 30 - 40 Min.

Bunte Überraschungs-Küchlein
(ca. 10 Stück)

Beheizung: E-Herd: 180°-200°C
Gas: Stufe 2-3
Backzeit: etwa 30 Min.

RÜHRTEIG:

300 g weiche Butter oder Margarine
250 g Zucker
1/2 Btl. Orange-back
1 Pr. Salz
5 Eier
2 - 3 EL Milch
375 g Weizenmehl
4 gestr. TL Backpulver
Fett für die Förmchen

FÜR DIE ÜBERRASCHUNG:

Kleine Zettel aus Pergamentpapier, auf denen ein mit Bleistift geschriebener Gewinn steht

DEKORATION:

2 Btl. Kuchenglasur Zitrone
1 Pckg. 4 Back & Speisefarben
1 Pckg. Perlenzauber
1 Pckg. Dekor Herzen

1. Butter schaumig rühren, Zucker, Orange-back und Salz dazugeben. Weiterrühren bis der Zucker sich aufgelöst hat. Eier nach und nach mit der Milch unterrühren. Mehl und Backpulver mischen und vorsichtig unter den Teig heben.
2. Pergamentzettel für die »Überraschung« vorbereiten.
3. Teig in ausgefettete Formen füllen und in jede Form einen klein gefalteten Papierzettel stecken und im vorgeheizten Backofen backen.
4. Kuchen aus den Förmchen stürzen, abkühlen lassen.
5. Für die Dekoration die Kuchenglasur nach Packungsanleitung schmelzen, mit Back & Speisefarben färben und die kleinen Kuchen damit überziehen. Zum Schluß wahlweise mit Perlen Zauber und/oder Dekor Herzen verzieren.

TIP:

Sollten nicht ausreichend kleine Formen vorhanden sein, kann nacheinander gebacken werden; Teigmenge ist auch ausreichend für einen Napfkuchen von ø 24 cm.

Dünner Hans und dicke Grete
(für 4 Figuren)

HONIGTEIG:

250 g Honig
100 g Zucker
500 g Weizenmehl
1 Pä. Backpulver
1 Pr. Salz
1 TL Kakao
1 Eigelb
2 - 3 EL Wasser
1 Btl. Kirschwasser-back
2 EL Milch zum Bestreichen

GUSS:

1 Eiweiß
200 g Puderzucker
einige Gefrierbeutel zum Spritzen

DEKORATION:

1 Pckg. Gebäck-Schmuck
1 Pckg. Perlenzauber
1 Pckg. Dekor Herzen

1. Für den Teig Honig und Zucker in einem kleinen Topf erwärmen, die Masse abkühlen lassen. Mehl, Backpulver, Salz und Kakao in eine Rührschüssel geben und vermischen. Die Honigmasse, Eigelb, Wasser und Kirschwasser-back dazugeben und vermischen. Mit dem Knethaken durchkneten.
2. Teig auf der bemehlten Arbeitsfläche noch einmal durchkneten und ausrollen. Teigplatte auf das gefettete Backblech legen und auf dem Blech weiter ausrollen.
3. Schnittmuster auf den Teig legen und die Figuren mit einem Küchenmesser ausschneiden. Teigreste abnehmen und zu Plätzchen weiterverarbeiten.
4. Figuren mit Milch bestreichen, im vorgeheizten Backofen backen und anschließend auskühlen lassen.
5. Zum Verzieren Puderzucker sieben, mit Eiweiß solange schlagen, bis am Schneebesen eine kleine Spitze stecken bleibt.
6. Zuckerguß in einen Gefrierbeutel füllen, in eine Ecke drücken und mit der Schere eine kleine Spitze abschneiden. Haare und Gesichter der Figuren mit Zuckerguß spritzen. Mit Gebäck-Schmuck, Perlenzauber und Dekor Herzen die Figuren verzieren und trocknen lassen.

Beheizung:	E-Herd: 220°
	Gas: Stufe 4
Backzeit:	ca. 20 Min.

FÜR DIE SCHABLONEN:

Aus leichter Pappe ein Schnittmuster schneiden. Auf dem leeren Backblech ausprobieren, ob die Pappmuster auf das Blech passen. 2 x Hans, Höhe 34 cm, Breite 10 cm, und 2 x Grete, Höhe 26 cm, Breite 14 cm ausschneiden.

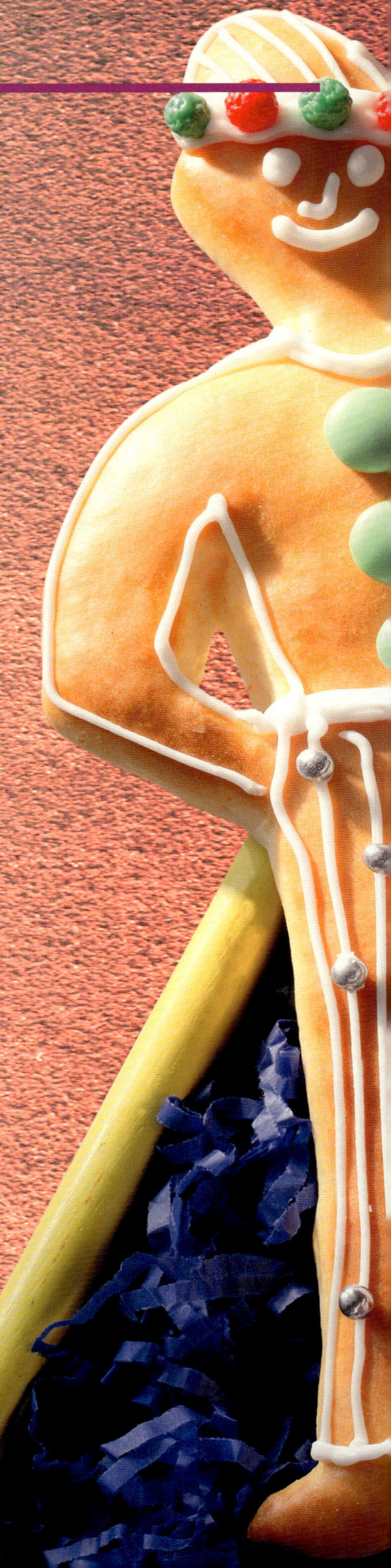

Der Froschkönig

MÜRBETEIG:

400 g Mehl
100 g Süße Mandeln gemahlen
150 g brauner Zucker
2 Pä. Vanillezucker
2 Btl. Citro-back
1 Prise Salz
275 g Butter
100 g Sukkade

DEKORATION:

200 g Feine Marzipan Rohmasse
400 g Puderzucker
1 Pckg. 4 Back & Speisefarben
1 Eiweiß
2 EL Zitronensaft
1 Pckg. Zuckerblümchen
1 Pckg. Zuckerschrift

1. Mehl, gemahlene Mandeln, Zucker, Vanillezucker, Citro-back, Salz, Butterflöckchen und sehr fein gehackte Sukkade in eine Schüssel geben und verkneten. Teig abgedeckt ca. 30 Minuten in den Kühl-schrank stellen.

2. Anschließend auf einer bemehlten Arbeitsfläche 6 mm dick ausrollen. Prinzessin (evtl. mit Hilfe einer Schablone) ausschneiden. Seerosenblätter, ein Rechteck (15 x 10 cm) und einen Teich (Platte, ca. 25 cm) wellenartig ausschneiden. Aus den Teigresten Gras ausschneiden.
3. Alle Teile nebeneinander auf ein mit Backpapier belegtes Backblech legen. Im vorgeheizten Backofen backen. Auf einem Kuchengitter abkühlen lassen.

4. Feine Marzipan Rohmasse mit 100 g Puderzucker verkneten. 50 g davon mit Back & Speisefarbe gelb färben. Restliches Marzipan grün färben. Daraus einen Frosch formen. Aus dem gelben Marzipan eine Kugel und Krone für den Frosch formen.

5. Den restlichen Puderzucker mit Eiweiß und Zitronensaft verrühren. Den halben Guß mit Back & Speisefarbe blau färben. Restlichen Guß dritteln. Jeweils mit Back & Speisefarbe gelb, rosa und grün färben.
6. Die Prinzessin, Teich, Steg, Gras und Seerosenblätter anmalen. Auf die Seerosenblätter die Zuckerblümchen setzen. Guß trocknen lassen.
7. Anschließend die Prinzessin auf den Steg setzen (evtl. ein Glas dahinter stellen). Den Teich mit Seerosenblättern, Schilf, Frosch und Kugel verzieren.

Beheizung: E-Herd: 190°
Gas: Stufe 3
Backzeit: ca. 12 - 15 Minuten

Frau Holle

HONIG-MANDELTEIG:

6 Eier
150 g Honig
100 g brauner Zucker
1 Prise Salz
1 - 2 EL Lebkuchengewürz
150 g Mehl
100 g Süße Mandeln gemahlen
100 g Süße Mandeln gehobelt
1 Pä. Backpulver
100 g Orangeat

KNETTEIG:

250 g Mehl
120 g Butter
1 Prise Salz
1 Btl. Orange-back
1 TL Zimt
80 g Honig

DEKORATION:

2 Btl. Kuchenglasur Zitrone
1 Pckg. Zuckerschrift
1 Pckg. Gebäck-Schmuck

1. Eier, Honig, Zucker und Gewürzzutaten in eine Rührschüssel geben und ca. 5 Minuten miteinander verrühren. Mehl, Mandeln und Backpulver mischen. Orangeat sehr fein hacken. Mehlmischung und Orangeat unterheben.
2. Teig auf ein mit Backpapier ausgelegtes tiefes Backblech (Fettfangschale) geben. Im vorgeheizten Backofen backen. Anschließend abkühlen lassen.
3. Aus Mehl, Butter, Gewürzzutaten und Honig einen Knetteig herstellen und ca. 30 Minuten kalt stellen. Auf einer bemehlten Arbeitsfläche ausrollen. Aus dem Teig ein Fenster (20 x 15 cm), Frau Holle und ein Kissen ausschneiden.
4. Auf ein mit Backpapier ausgelegtes Backblech legen. Im vorgeheizten Backofen backen. Anschließend abkühlen lassen.
5. Für die Dekoration Kuchenglasur nach Packungsanleitung schmelzen. Die Honig-Mandelteigplatte wolkenartig damit bepinseln.

Auch das Kissen mit Glasur überziehen. Frau Holle und das Fenster mit Zuckerschrift und Gebäck-Schmuck verzieren. Trocknen lassen und auf die Honig-Wolke legen.

Beheizung:

Honig-Mandelteig:
E-Herd 180°,
Gas Stufe 2 - 3

Knetteig:
E-Herd 200°,
Gas Stufe 3

Backzeit:

Honig-Mandelteig:
25 Minuten

Knetteig:
12 Minuten

Orangen-Stollen

HEFETEIG:

500 g Mehl
1 Pä. Trockenhefe
1 Pä. Vanillezucker
1/2 TL Salz
2 Btl. Orange-back
75 g Zucker
175 g Butter
200 ml Milch
1 Btl. Rum-back
100 g Orangeat
1 Ei

FÜLLUNG:

400 g Feine Marzipan Rohmasse
200 g Orangeat
100 g Früchte-Mix
1 - 2 TL Zimt
Saft von 2 Orangen (ca. 120 ml)
100 g Süße Mandeln gehackt

ZUM TRÄNKEN:

125 g Butter
Saft einer Orange
75 g Puderzucker

DEKORATION:

200 g Feine Marzipan Rohmasse
100 g Puderzucker
1 Pckg. Perlenzauber
1 Pckg. Gebäck-Schmuck
1 Ds. Dekor Schnee

1. Mehl, Trockenhefe, Vanillezucker, Salz, Orange-back und Zucker mischen. Weiche Butter, lauwarme Milch, Rum-back, fein gehacktes Orangeat und Ei zufügen. Mit den Knethaken verkneten. Zugedeckt an einem warmen Ort ca. 1 Std. gehen lassen.
2. Inzwischen Feine Marzipan Rohmasse, Orangeat, Früchte-Mix, Zimt, Orange-back, Orangensaft und Mandeln verkneten.
3. Den Hefeteig nochmals gut durchkneten. Teig auf einer bemehlten Arbeitsfläche zu einem Rechteck von 30 x 40 cm ausrollen. Füllung mit einer Teigkarte auf den Teig verteilen. Teig von der Längsseite aufrollen.
4. Rolle in eine gut gefettete Mond-Backform füllen. Nochmals ca. 40 Minuten gehen lassen. Anschließend im vorgeheizten Backofen backen. Nach dem Backen ca. 5 Minuten in der Form ruhen lassen.
5. Butter, Orangensaft und Puderzucker in einen Topf geben und aufkochen lassen. Stollen auf ein Kuchengitter stürzen. Mond mit einem Holzspieß mehrfach einstechen und mit der Orangenbutter solange bepinseln, bis die Flüssigkeit vollständig eingezogen ist. Abkühlen lassen.
6. Für die Dekoration die Feine Marzipan Rohmasse mit Puderzucker verkneten und ausrollen. Sterne in unterschiedlichen Größen ausstechen und auf den Stollen legen. Mit Perlenzauber und Gebäck-Schmuck verzieren und mit Dekor Schnee bestäuben.

Beheizung:
E-Herd: 190° Grad
Gas: Stufe 2 - 3

Backzeit:
ca. 70 Minuten

TIP:

Wenn Sie keine Mond-Backform besitzen, formen Sie den Teig zu einem Stollen und backen ihn auf einem Blech.

Apfel-Marzipan-Torte

MARZIPAN-RÜHRTEIG:

225 g Butter
175 g Zucker
1 Pä. Vanillezucker
1 Btl. Orange-back
1 Pr. Salz
3 Eier
150 g Vollmilch-Joghurt
300 g Mehl
2 TL Backpulver
200 g Feine Marzipan Rohmasse
100 g Süße Mandeln gehobelt

CREME:

6 Blatt weiße Gelatine
500 g säuerliche Äpfel (z.B. Cox Orange oder Boskop)
200 ml trockener Weißwein oder Apfelsaft
2 Btl. Orange-back
3 Pä. Bourbon-Vanillezucker
30 g Zucker
250 g Mascarpone
250 ml Schlagsahne

DEKORATION:

1 Pckg. Feine Marzipan Rohmasse
1 Btl. Pistazien gehackt
50 g Puderzucker
1 Pckg. 4 Back & Speisefarben
1 Ds. Dekor Schnee

1. Butter, Zucker, Vanillezucker, Orange-back und Salz verrühren. Eier nacheinander unterrühren. Weiterrühren, bis der Zucker gelöst ist. Joghurt unterheben. Mehl und Backpulver mischen und zufügen. 100 g Feine Marzipan Rohmasse darüber reiben. Alles kurz unterrühren.
2. Teig in eine mit Backpapier belegte Springform (25 cm) füllen. Die restliche Feine Marzipan Rohmasse darüber reiben und die gehobelten Mandeln darüber streuen. Im vorgeheizten Backofen backen. Evtl. zwischendurch abdecken. Herausnehmen und 10 Minuten ruhen lassen. Springformrand vorsichtig lösen. Auf einem Kuchengitter abkühlen lassen.
3. Für die Creme Gelatine in kaltem Wasser einweichen. Äpfel schälen, Kerngehäuse entfernen und Fruchtfleisch in Spalten schneiden. Äpfel mit Weißwein ca. 8 -10 Minuten dünsten. Orange-back, Vanillezucker und Zucker zufügen. Alles pürieren. Gelatine ausdrücken und zufügen. Mascarpone unterrühren. Wenn die Masse zu gelieren beginnt, steifgeschlagene Sahne unterheben.
4. Den Tortenrand einmal quer halbieren, die Creme daraufgeben. Torte ca. 15 Minuten in den Kühlschrank stellen. Anschließend oberen Boden darauf geben.
5. Feine Marzipan Rohmasse in zwei Hälften teilen. Die eine Hälfte zwischen zwei aufgeschnittenen Gefrierbeutel 2 mm dünn ausrollen. Unterschiedlich große Sterne ausstechen. Pistazien fein hacken. Sterne damit bestreuen bzw. Pistazien leicht eindrücken.
6. Mit der zweiten Hälfte der Feinen Marzipan Rohmasse Puderzucker verkneten. Rote und gelbe Back & Speisefarbe mischen und damit das Marzipan orange einfärben.
Hieraus unterschiedlich große Sterne ausstechen. Torte mit Dekor Schnee bestäuben. Die orangefarbenen Sterne auf die Torte legen. Pistazien-Sterne um den Tortenrand setzen.

Beheizung: E-Herd: 175°
Gas: Stufe 2
Backzeit: ca. 60 Minuten

Schokoladen-Torte

RÜHRTEIG:

- *150 g Halbbitter-Kuvertüre*
- *60 g Butter*
- *50 g Zucker*
- *2 Pä. Bourbon-Vanillezucker*
- *1 Btl. Orange-back*
- *1 Pr. Salz*
- *4 Eier*
- *100 g Süße Mandeln gehackt*
- *100 g Orangeat*
- *30 g Mehl*
- *2 TL Backpulver*

CREME:

- *150 g Weiße Kuvertüre*
- *3 Eigelb*
- *2 Pä. Bourbon-Vanillezucker*
- *1 TL Zimt*
- *2 Btl. Rum-back*
- *4 Blatt weiße Gelatine*
- *400 ml Schlagsahne*

DEKORATION:

- *2 Orangen*
- *1 Pckg. Haselnuß Krokant*
- *1 Pckg. Schoko Dekor Blätter, Zartbitter*

1. Kuvertüre in Stücke schneiden und nach Packungsanleitung schmelzen. Butter, Zucker, Vanillezucker, Orange-back und Salz schaumig rühren. Eigelb unterrühren. Gehackte Mandeln, Orangeat, Mehl und Backpulver mischen. Eiweiß steif schlagen. Kuvertüre zur Butter-Eimasse geben und verrühren. Mandelgemisch ebenfalls zufügen. Zum Schluß steifgeschlagenes Eiweiß unterheben.

Zu Schritt **1**

2. Teig in eine am Boden mit Backpapier ausgelegte Backform (26 x 26 cm) füllen und im vorgeheizten Backofen backen. Tortenboden vom Rand lösen und auf ein Kuchengitter stürzen. Abkühlen lassen.

3. Für die Creme Kuvertüre in Stücke schneiden und nach Packungsanleitung schmelzen. Eigelb, Vanillezucker, Zimt und Rum-back im heißen Wasserbad schaumig schlagen. Kuvertüre zur Eimasse geben. Gelatine nach Packungsanleitung auflösen und zufügen. Sahne steif schlagen. Wenn die Creme zu gelieren beginnt, die Sahne unterheben.

Zu Schritt **3**

4. Tortenboden halbieren. Die Hälfte der Creme auf dem oberen Boden verteilen. Den zweiten Boden daraufsetzen. Restliche Creme auf dem oberen Boden verteilen.

5. Orangen dick abschälen, so daß die weiße Haut entfernt ist. In Scheiben schneiden und auf die Creme geben. Ca. 1 - 2 Stunden kalt stellen.

6. Kurz vor dem Servieren mit Haselnuß Krokant und Schoko Dekor Blättern verzieren.

Beheizung:	E-Herd: 150°
	Gas: Stufe 1 - 2
Backzeit:	ca. 50 Minuten

Mohn-Kuchen mit Holunderbirnen

BISKUITTEIG:

3 Eier
100 g Zucker
1 TL Zimt
1 Prise Salz
3 EL Orangensaft
100 g Haselnüsse gemahlen
125 g Mehl
2 TL Backpulver
100 g Raspelschokolade Zartbitter
1 Btl. Mohn-back

CREME:

5 Blatt weiße Gelatine
2 Eier
30 g Zucker
2 Pä. Bourbon-Vanillezucker
2 TL Lebkuchengewürz
2 Btl. Kirschwasser-back
400 g Schlagsahne

BELAG:

3 reife Birnen
300 ml Holunderbeersaft
Saft einer Orange
1/2 TL gemahlenen Anis
1 Pä. Tortenguß, weiß

DEKORATION:

1 Pckg. Schoko Dessert-Dekor
1 Btl. Pistazien gehackt

1. Eier, Zucker, Gewürzzutaten und Orangensaft ca. 5 Min. schaumig schlagen. Haselnüsse, Mehl, Backpulver und die Hälfte der Schokoladenraspel mischen. Mit dem Mohnback unter die Eimasse heben.

2. Teig in eine mit Backpapier belegte Springform (28 cm) füllen. Im vorgeheizten Backofen backen.

3. Für die Creme Gelatine in kaltem Wasser einweichen. Eier, Zucker und Gewürzzutaten im heißen Wasserbad schaumig schlagen. Anschließend die Gelatine nach Packungsanweisung auflösen und unter die Creme rühren. Sobald die Creme zu gelieren beginnt, die steif geschlagene Sahne unterheben.
4. Die Hälfte der Creme auf den Boden streichen und mit der restlichen Raspelschokolade bestreuen. Die restliche Creme daraufgeben und die Torte ca. 2 Std. in den Kühlschrank stellen.

5. Inzwischen die Birnen schälen, halbieren, Kerngehäuse entfernen und das Fruchtfleisch fächerartig einschneiden. Birnen mit dem Holunderbeersaft, dem Orangensaft und Anis ca. 5 Minuten dünsten. Abkühlen lassen.
6. Birnenfächer auf die Torte geben. Saft aufkochen und mit dem nach Packungsanweisung angerührten Tortenguß binden. Tortenguß etwas abkühlen lassen und über die Birnen geben.
7. Kuchen mit Schoko Dessert-Dekor und Pistazien verzieren.

Beheizung:	E-Herd 175 °
	Gas Stufe 2
Backzeit:	ca. 30 Minuten

Schoko-Orangen-Happen
(ca. 30 Stück)

RÜHRTEIG:

250 g Butter
200 g brauner Zucker
2 Btl. Orange-back
5 Eier
150 g Mehl
100 g Haselnüsse gemahlen
1 Pä. Backpulver
200 g Orangeat
1 Pä. Schokoladen-Puddingpulver
125 ml Milch

DEKORATION:

150 g Weiße Kuvertüre
1 Btl. Pistazien gehackt
1 Pckg. Schoko Dekor Herzen

1. Butter, Zucker und Orange-back verrühren. Eier nacheinander unterrühren. Weiterrühren, bis der Zucker gelöst ist. Mehl, Haselnüsse und Backpulver mischen. Mehlgemisch und Orangeat unterrühren.
2. Schokoladen-Puddingpulver mit Milch verrühren und zufügen. Teig auf ein gefettetes Backblech geben und glatt streichen. Im vorgeheizten Backofen backen. Abkühlen lassen.
3. Teig in Quadrate von 7 x 7 cm schneiden.
4. Für die Dekoration die Kuvertüre nach Packungsanleitung schmelzen und in einen kleinen Gefrierbeutel füllen. Die äußerste Spitze abschneiden und die Quadrate mit der Kuvertüre streifenartig überziehen.
5. Zum Schluß mit gehackten Pistazien und Schoko Dekor Herzen verzieren.

Beheizung: E-Herd: 180° Grad
Gas: Stufe 2 - 3
Backzeit: ca. 25 - 30 Minuten

Orangen-Torte

BISKUITBODEN:

2 Eier
90 g Zucker
1 Pä. Vanillezucker
1/2 Btl. Orange-back
50 g Süße Mandeln gemahlen
30 g Mehl
20 g Speisestärke
1 TL Backpulver
50 g Orangeat

BISKUITROLLE:

4 Eier
3 EL kaltes Wasser
80 g Zucker
1/2 Btl. Orange-back
70 g Mehl
50 g Süße Mandeln gemahlen
50 g Orangeat
150 g Himbeer-Konfitüre EXTRA

CREME:

9 Blatt weiße Gelatine
7 Orangen
1 Zitrone
1 Btl. Orange-back
50 g Zucker
300 g Vollmilch-Joghurt
400 g Schlagsahne

DEKORATION:

1 Btl. Pistazien gehackt
1 Pckg. Schoko Dekor Blätter, Zartbitter
100 g Kumquats (Zwergorangen)
Zitronenmelisse

1. Für den Biskuitboden Eier trennen. Eiweiß steif schlagen. Zucker und Vanillezucker langsam einrieseln lassen. Weiterschlagen, bis der Zucker gelöst ist. Eigelb und Orange-back unterheben. Gemahlene Mandeln, Mehl, Speisestärke und Backpulver mischen. Mehlgemisch und fein gehacktes Orangeat unterheben.
2. Teig in eine mit Backpapier ausgelegte Springform (Ø 26 cm) füllen und im vorgeheizten Backofen backen. Anschließend auf einem Kuchengitter auskühlen lassen.
3. Für die Biskuitrolle Eier trennen. Eiweiß mit Wasser steif schlagen. Zucker langsam einrieseln lassen. Weiterschlagen, bis der Zucker gelöst ist. Eigelb und Orange-back unterheben. Mehl und gemahlene Mandeln mischen und mit dem fein gehackten Orangeat zugeben.
4. Teig auf ein mit Backpapier ausgelegtes Backblech geben. Glatt streichen und im vorgeheizten Backofen backen. Biskuitplatte auf ein mit Zucker bestreutes Geschirrtuch stürzen. Backpapier abziehen. Die Himbeer-Konfitüre auf den heißen Biskuit streichen und eng aufrollen. Danach fest in ein Geschirrhandtuch einwickeln und auskühlen lassen.
5. Für die Creme Gelatine in kaltem Wasser einweichen. Vier Orangen und die Zitrone auspressen. Saft mit Orange-back, Zucker und Joghurt verrühren. Gelatine nach Packungsanleitung auflösen und zur Orangen-Joghurt-Masse geben. Sahne steif schlagen und unter die gelierende Creme geben.
6. Orangen dick abschälen und in Scheiben schneiden. Auf den Biskuitboden legen. Tortenring um den Biskuitboden geben. Biskuitrolle in 1 cm dicke Scheiben schneiden. Scheiben um den inneren Tortenring setzen. Creme auf den Biskuitboden geben und glatt streichen. Ca. 1 Stunde in den Kühlschrank stellen. Tortenring vorsichtig entfernen.

7. Torte mit den restlichen Biskuitscheiben, gehackten Pistazien, Schoko Dekor Blättern, Kumquatscheiben und Zitronenmelisse verzieren.

Beheizung:	E-Herd: 200° Gas: Stufe 3
Backzeit:	Biskuitboden: ca. 20 - 25 Minuten Biskuitrolle: ca. 12 - 14 Minuten

Ananas-Schokoladen-Torte

BISKUITTEIG:

4 Eier
2 EL warmes Wasser
1 Btl. Rum-back
125 g Zucker
1 Pr. Salz
50 g Mehl
50 g Speisestärke
100 g Haselnüsse gemahlen
100 g Raspelschokolade Zartbitter
1 TL Backpulver

CREME:

45 g Speisestärke
1/2 l Milch
100 g Zucker
1 Vanilleschote
200 g Nußnougat
150 g Butter
100 g Ananasstücke (frisch oder aus der Dose)

DEKORATION:

1 Btl. Kuchenglasur Dunkel
1 Btl. Kuchenglasur Vollmilch
150 g Ananasstücke
1 Pckg. Haselnuß Krokant
1 Pckg. Schoko Dekor Herzen

1. Für den Biskuitteig Eier, lauwarmes Wasser und Rum-back schaumig rühren. Zucker und Salz unter ständigem Rühren einrieseln lassen. Mehl, Speisestärke, gemahlene Haselnüsse, Raspelschokolade und Backpulver mischen und unter die Eimasse ziehen.
2. In eine mit Backpapier ausgelegte Springform (Ø 26 cm) füllen und im vorgeheizten Backofen backen. Auf einem Kuchenrost auskühlen lassen.
3. Für die Creme Speisestärke in etwas Milch glatt rühren. Die restliche Milch, Zucker und die aufgeschlitzte Vanilleschote aufkochen. Die angerührte Speisestärke einrühren und alles kurz aufkochen lassen. Die Vanilleschote entfernen und den Pudding in eine Schüssel geben.
4. Das Nußnougat hineingeben und darin auflösen. Danach die weiche Butter mit dem Schneebesen des Handrührgerätes unterrühren. Zuletzt die gut abgetropften Ananasstücke unterheben.
5. Den Tortenboden einmal waagerecht durchschneiden. Den unteren Boden mit der Hälfte der Creme bestreichen.
6. Die Kuchenglasuren nach Packungsanleitung auflösen und den Kuchen damit marmorieren.
7. Auf die Torte Tupfen aus Creme setzen und diese mit Ananasstücken verzieren. Die Böden zusammensetzen. Den Tortenrand mit der restlichen Creme bestreichen und mit Haselnuß Krokant bestreuen. Die Schoko Dekor Herzen auf den Tortenrand setzen.

Beheizung:
E-Herd: 175°
Gas: Stufe 2 - 3

Backzeit:
ca. 50 Minuten

Zu Schritt **4**

Zu Schritt **7**

Orangen-Schicht-Torte

MÜRBETEIG:

60 g Feine Marzipan Rohmasse
60 g Zucker
200 g Mehl
100 g Süße Mandeln gemahlen
1 Pr. Salz
1 Btl. Orange-back
200 g Butter
1 Ei

AUSSERDEM:

100 g Süße Mandeln gehobelt

FÜLLUNG:

140 g Feine Marzipan Rohmasse
etwas Puderzucker zum Ausrollen
15 Blatt weiße Gelatine
110 g Zucker
3 Eier
750 g Magermilchjoghurt
3/8 l frisch gepreßter Orangensaft
350 g Schlagsahne

DEKORATION:

2 Orangen
1 Pckg. Dekor Schoko Borke
1 Pckg. Raspelschokolade Zartbitter

1. Feine Marzipan Rohmasse mit Zucker, Mehl, gemahlenen Mandeln, Salz, Orange-back, Butter und Ei zu einem glatten Teig verkneten. In Frischhaltefolie wickeln und eine Stunde kalt stellen.
2. Den Teig vierteln und jeweils auf einer bemehlten Arbeitsfläche zwischen Gefrierbeuteln zu Kreisen von jeweils 26 cm Durchmesser ausrollen. Gehobelte Mandeln nach Belieben in einer Pfanne ohne Fett rösten. Die einzelnen Böden mit den gehobelten Mandeln bestreuen.
3. Die Böden auf ein mit Backpapier belegtes Blech legen und nacheinander im vorgeheizten Backofen backen. Sofort vom Blech lösen und auskühlen lassen.
4. Für die Füllung Feine Marzipan Rohmasse dritteln und auf Puderzucker dünn zu Kreisen (Ø 24 cm) ausrollen. Drei der gebackenen Böden damit belegen.

5. Für die Creme Gelatine in reichlich kaltem Wasser einweichen. Zucker, Eier, Joghurt und Orangensaft verrühren. Gelatine nach Packungsanleitung auflösen und zunächst mit etwas Joghurtmasse verrühren. Dann unter die gesamte Masse rühren. Wenn die Creme zu gelieren beginnt, die steif geschlagene Sahne unterheben.
6. Ein Drittel der Creme beiseite stellen. Die restliche Creme auf den mit Marzipan belegten Böden verstreichen. Die Böden zu einer Torte zusammensetzen. Den obersten Boden wolkenartig mit der restlichen Creme bestreichen.

7. Orangen filetieren und die Torte mit Orangenfilets, Dekor Schoko Borke und Raspelschokolade dekorieren.

Beheizung: E-Herd: 200°
Gas: Stufe 3
Backzeit: ca. 15 Minuten je Boden

Gewürzmond-Torte

RÜHRTEIG:

200 g Butter
150 g Zucker
1 Pr. Salz
1 Btl. Orange-back
2 TL Zimt
je 1 TL gemahlener Kardamom und Koriander
4 Eier
100 g Orangeat
175 g Mehl
2 TL Backpulver
100 g Raspelschokolade Zartbitter
75 g Schlagsahne

CREME:

3 Blatt weiße Gelatine
1 Vanilleschote
375 ml Milch
2 Pä. Bourbon-Vanillezucker
3 Eigelb
1 Btl. Kirschwasser-back
80 g Zucker
350 g Schlagsahne

DEKORATION:

3 Btl. Kuchenglasur Vollmilch
1 Pckg. Schoko Dekor Herzen
50 g Weiße Kuvertüre

1. Butter, Zucker und Gewürze verrühren. Eier nacheinander zufügen. Weiterrühren, bis der Zucker gelöst ist. Fein gehacktes Orangeat unterrühren. Mehl, Backpulver und Raspelschokolade mischen. Kurz unterrühren.
2. Teig in eine gefettete Mondbackform füllen. Im vorgeheizten Backofen backen. 10 Minuten in der Form ruhen lassen. Anschließend auf ein Kuchengitter stürzen und abkühlen lassen.
3. Für die Creme Gelatine in kaltem Wasser einweichen. Vanilleschote längs aufschneiden. Mit der Milch und Vanillezucker aufkochen. Eigelb, Kirschwasser-back und Zucker verrühren. Heiße Milch langsam unter Rühren zugießen. Ausgedrückte Gelatine zugeben. Die Masse unter Rühren abkühlen lassen. Sahne steif schlagen und unter die gelierende Creme heben.
4. Mond zweimal quer durchschneiden. Die Hälfte der Creme auf den unteren Boden geben. Den zweiten Boden auflegen und die restliche Creme daraufgeben und den letzten Boden auflegen. Mond für 1 Stunde abgedeckt in den Kühlschrank stellen.
5. Kuchenglasur und weiße Kuvertüre getrennt nach Packungsanleitung schmelzen. Mond mit Kuchenglasur überziehen. Die Schoko Dekor Herzen unten am Rand des Mondes mit der noch feuchten Kuchenglasur festkleben. Kuvertüre in einen kleinen Gefrierbeutel füllen. Äußerste Spitze abschneiden und Konturen (Mund, Nase, Augen) nachmalen.

Beheizung: E-Herd: 175°
Gas: Stufe 2
Backzeit: ca. 60 Minuten

Engadiner Nuß-Torte
(ca. 18 Stücke)

MÜRBETEIG:

500 g Weizenmehl
1 Pr. Salz
400 g Butter oder Margarine
220 g Zucker
2 Eier

FÜLLUNG:

175 g Zucker
250 g Haselnüsse gehackt
200 ml Sahne
1 Eigelb zum Bestreichen

DEKORATION:

1 Ds. Dekor Schnee

1. Mehl, Salz, Butter, Zucker und Ei zu einem Mürbeteig verarbeiten und ca. eine Stunde im Kühlschrank ruhen lassen.
2. Für die Füllung Zucker in einem kleinen Topf bei geringer Hitze karamelisieren. Nüsse und Sahne zufügen, gut verrühren und abkühlen lassen.
3. Mürbeteig halbieren und eine Hälfte beiseite legen. Die andere Hälfte nochmals halbieren. Mit einem Viertel eine Springform (Ø 26 cm) auskleiden und einen kleinen Rand hochziehen. Das andere Viertel auf einer bemehlten Arbeitsfläche zu einem Teigdeckel in Größe der Springform ausrollen und beiseite legen.
4. Die Nußmasse in die Springform füllen und glatt streichen. Den Teigdeckel auf die Nußmasse legen und etwas andrücken.
5. Die zu Beginn zurückgelegte Teighälfte ausrollen und daraus Sterne für die Dekoration in verschiedenen Größen ausstechen. 3/4 der Sterne auf den Deckel der Torte legen. Die übrigen Sterne separat backen. Eigelb verrühren, den Deckel und Sterne damit bestreichen und alles im vorgeheizten Backofen backen. Nach dem Backen die Torte vorsichtig vom Springformrand lösen und abkühlen lassen.
6. Zur Dekoration die separat gebackenen Sterne um den Kuchen legen und den Kuchen mit Dekor Schnee bestreuen.

Beheizung:
E-Herd: 220°C
Gas: Stufe 4

Backzeit:
40 Minuten

Nougat-Torte mit Clementinencreme

RÜHRTEIG:

200 g Nußnougat
4 Eier
80 g Zucker
1 Pr. Salz
100 g Süße Mandeln gehackt
50 g Raspelschokolade Vollmilch
50 g Mehl
25 g Speisestärke
2 TL Backpulver

CREME:

6 Blatt weiße Gelatine
8 Clementinen (ca. 280 ml Saft)
1 Zitrone
1 Btl. Orange-back
50 - 70 g Zucker (je nach Süße der Clementinen)
2 Pä. Vanillezucker
400 g Schlagsahne

DEKORATION:

450 g Vollmilch-Kuvertüre
150 g Halbbitter-Kuvertüre
1 Ds. Dekor Schnee
1 Btl. Pistazien gehackt
6 Kumquats (Zwergorangen)
40 g Zucker

1. Nußnougat nach Packungsanleitung schmelzen. Eier trennen. Eiweiß steif schlagen. Zucker und Salz langsam einrieseln lassen. Weiter schlagen bis der Zucker gelöst ist. Eigelb kurz unterrühren. Gehackte Mandeln, Raspelschokolade, Mehl, Speisestärke und Backpulver mischen und mit dem leicht abgekühlten Nußnougat unterheben.
2. Teig in eine gefettete Springform (Ø 26 cm) füllen und im vorgeheizten Backofen backen. Den gebackenen Tortenboden noch 10 Minuten in der Form ruhen lassen. Springformrand vorsichtig lösen und den Boden auf einem Kuchengitter abkühlen lassen.
3. Für die Creme Gelatine in kaltem Wasser einweichen. Clementinen und Zitrone auspressen. Saft mit Orangeback, Zucker und Vanillezucker verrühren. Gelatine nach Packungsanweisung auflösen und zum Saft geben. Ca. 10 Minuten in den Kühlschrank stellen. Wenn die Creme zu gelieren beginnt, steif geschlagene Sahne unterheben.
4. Tortenboden zweimal quer durchschneiden. Um den unteren Boden eng einen Tortenring legen. Die Hälfte der Creme auf den unteren Boden geben. Den dritter Boden auflegen. Die restliche Creme daraufgeben und den dritten Boden auflegen. Torte ca. 2 Stunden abgedeckt in den Kühlschrank stellen. Anschliessend den Tortenring vorsichtig lösen.
5. Kuvertüren getrennt nach Packungsanleitung im Wasserbad schmelzen. Torte mit Vollmilch-Kuvertüre überziehen. Halbbitter-Kuvertüre auf ein gekühltes Marmorbrett geben und mit einer Palette glatt streichen. Sobald die Kuvertüre anfängt fest zu werden, mit einem Spachtel Kuvertürerollen herstellen.
6. Für die Dekoration die Torte mit Kuvertüreröllchen und gehackten Pistazien verzieren und mit Dekor Schnee bestäuben. Kumquats in Scheiben schneiden und in Zucker wälzen. Die Torte damit belegen und anschließend servieren.

Beheizung: E-Herd: 175°
Gas: Stufe 2
Backzeit: ca. 45 - 50 Minuten

Haselnuß-Kirsch-Torte

BISKUITTEIG:

3 Eier
100 g Zucker
1 Btl. Orange-back
1 TL Zimt
100 g Orangeat
100 g Haselnüsse gemahlen
50 g Mehl
2 TL Backpulver

CREME:

6 Blatt weiße Gelatine
250 g Schmand
500 g Speisequark (20% Fett)
2 Btl. Kirschwasser-back
1 Btl. Citro-back
1 TL gemahlener Zimt
3 Pä. Bourbon-Vanillezucker
30 g Zucker
400 g Schlagsahne
1 Glas Schattenmorellen (480 g Einwaage)

DEKORATION:

2 Eiweiß
1 TL Zitronensaft
60 g Zucker
60 g Puderzucker
1 TL Speisestärke
1 Pckg. Back & Speisefarben
50 g Raspelschokolade Zartbitter
1 Pckg. Gebäck-Schmuck

1. Eier trennen. Eiweiß steif schlagen. Zucker langsam einrieseln lassen. Weiterrühren bis der Zucker gelöst ist. Orange-back, Zimt, feingehacktes Orangeat, gemahlene Haselnüsse, Mehl und Backpulver mischen. Eigelb kurz unterrühren und das Haselnußgemisch unter das Eiweiß heben.
2. Teig in eine am Boden mit Backpapier ausgelegte quadratische Backform (26 x 26 cm) füllen. Im vorgeheizten Backofen backen. Nach dem Backen noch 10 Minuten in der Form ruhen lassen, dann vorsichtig auf ein Kuchengitter stürzen und abkühlen lassen.
3. Für die Creme Gelatine in kaltem Wasser einweichen. Schmand, Quark, Kirschwasser-back, Citro-back, Zimt, Vanillezucker und Zucker verrühren. Gelatine nach Packungsanleitung auflösen und unter die Quarkmasse rühren. Sahne steif schlagen und unterheben. Kirschen abtropfen lassen.
4. Wenn die Creme zu gelieren beginnt, die Hälfte auf den Haselnußboden geben. Kirschen darauf verteilen. Die restliche Creme darauf geben. Torte abgedeckt ca. 2 Stunden in den Kühlschrank stellen.

5. Für den Baiser Eiweiß mit Zitronensaft mischen und zu Schnee schlagen. Zucker einrieseln lassen. Puderzucker mit Speisestärke mischen und unterheben. Zwei Drittel der Masse mit etwas grüner Back & Speisefarbe zart einfärben. Aus dem weißen Baiser kleine Baisers als "Schneeflocken" spritzen. Aus der grünen Masse Tannenbäume spritzen. Im leicht geöffneten Ofen trocknen lassen.
6. Auf der Torte aus Schneeflocken-Baisers, Baiser-Tannen und Raspelschokolade eine Landschaft legen. Mit Kugeln aus dem Gebäck-Schmuck verzieren.

Torte:
Beheizung: E-Herd: 200°
Gas: Stufe 3
Backzeit: ca. 30 - 35 Minuten

Baiser:
Beheizung: E-Herd: 50°
Gas: Stufe 1
Backzeit: ca. 5 - 6 Stunden

TIP:

Die Baisers lassen sich schon ein paar Tage vorher herstellen und in einer geschlossenen Dose aufbewahren.

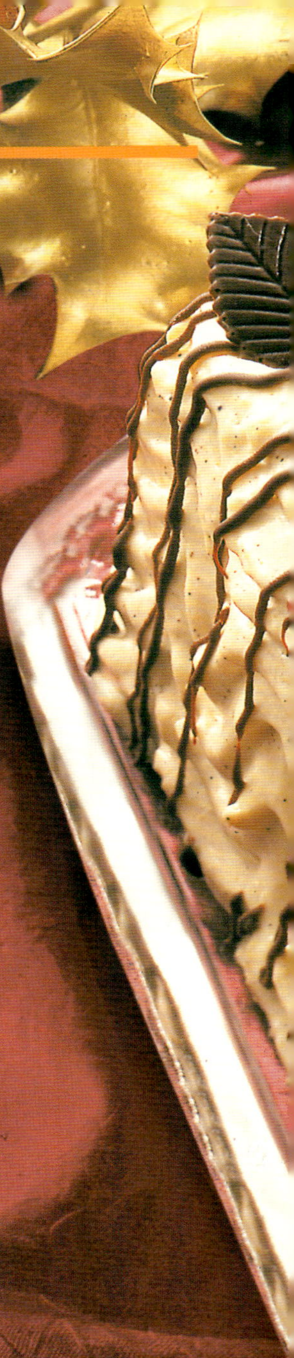

Zimt-Vanille-Schichtkuchen

RÜHRTEIG:

150 g Halbbitter-Kuvertüre
150 g Butter
150 g brauner Zucker
3 TL Zimt
2 Btl. Rum-back
1 Prise Salz
4 Eier
75 g feine Haferflocken
150 g Mehl
3 TL Backpulver
100 g Haselnüsse gemahlen

CREME:

4 Blatt weiße Gelatine
1/2 l Milch
1 Pä. Vanille-Puddingpulver
1 Vanilleschote
3 Pä. Bourbon-Vanillezucker
20 g Zucker
300 g Schlagsahne

DEKORATION:

75 g Halbbitter-Kuvertüre
1 Pckg. Schoko Dekor Blätter, Zartbitter

1. Kuvertüre zerhacken und nach Packungsanleitung schmelzen. Butter, Zucker und Gewürzzutaten miteinander verrühren. Eier trennen. Eigelb unterrühren. Haferflocken, Mehl, Backpulver und Nüsse mischen. Mehlgemisch unterrühren. Steif geschlagenes Eiweiß und Kuvertüre unterheben.

2. Teig in eine gefettete und bemehlte Kastenform (30 cm) füllen. Im vorgeheizten Backofen backen. 10 Minuten in der Form ruhen lassen. Anschließend vorsichtig auf ein Kuchengitter stürzen und abkühlen lassen.
3. Für die Creme Gelatine in kaltem Wasser einweichen. 5 Eßlöffel Milch abnehmen und mit dem Puddingpulver anrühren. Restliche Milch, aufgeschnittene Vanilleschote, Vanillezucker und Zucker aufkochen. Puddingpulver einrühren. Nochmals kurz aufkochen. Gelatine ausdrücken und einrühren. Im kalten Wasserbad abkühlen. Dabei ab und zu umrühren, damit sich keine Haut bildet. Sahne steif schlagen und unter den Pudding heben.
4. Kuchen dreimal durchschneiden. Auf den unteren Boden 1/4 der Creme streichen. Den zweiten Boden auflegen und 1/4 der Creme darauf geben. Oberen Boden auflegen. Rundherum mit restlicher Creme bestreichen. 2 - 3 Stunden in den Kühlschrank stellen.
5. Für die Dekoration Kuvertüre nach Packungsanleitung schmelzen. In einen kleinen Gefrierbeutel geben. Äußerste Spitze abschneiden. Kuchen mit der Kuvertüre streifenartig überziehen. Mit Schoko Dekor Blättern verzieren.

Beheizung: E-Herd: 175 °C
Gas: Stufe 2
Backzeit: ca. 60 Minuten

Apfel-Zitronen-Torte

BISKUITTEIG:

2 Eier
75 g Zucker
1 Btl. Citro-back
50 g Mehl
20 g Speisestärke
50 g Haselnüsse gemahlen
2 TL Backpulver
100 g Sukkade

FÜLLUNG:

500 g säuerliche Äpfel
1 Btl. Citro-back
50 ml Apfelsaft

CREME:

3 Blatt weiße Gelatine
1 Ei
2 Pä. Vanillezucker
1 EL Zucker
2 Btl. Kirschwasser-back
300 ml Schlagsahne

DEKORATION:

1 Karambole
1 Btl. Pistazien gehackt
1 Pckg. Schoko Dessert-Dekor

1. Eier trennen. Eiweiß steif schlagen. Zucker langsam einrieseln lassen. Weiterrühren, bis der Zucker gelöst ist. Eigelb vorsichtig unterheben. Citro-back, Mehl, Speisestärke, gemahlene Haselnüsse und Backpulver mischen. 50 g feingehackte Sukkade und Mehlgemisch mit der Eimasse verrühren.
2. Teig in eine am Boden mit Backpapier ausgelegte Sternform füllen. Im vorgeheizten Backofen backen.
3. Inzwischen Äpfel schälen, Kerngehäuse entfernen, Fruchtfleisch in Spalten schneiden. Äpfel mit Citro-back und Apfelsaft ca. 5 - 7 Minuten dünsten. Die restliche Sukkade zufügen und abkühlen lassen. Biskuitboden vorsichtig vom Rand lösen und stürzen. Abkühlen lassen.
4. Boden waagerecht halbieren. Die Hälfte Äpfel darauf verteilen. Zweiten Boden darauf setzen. Restliche Äpfel darauf geben.
5. Für die Creme Gelatine in kaltem Wasser einweichen. Ei mit Vanillezucker und Zucker weißschaumig schlagen. Gelatine nach Packungsanweisung auflösen und zum Eischaum geben. Sahne steif schlagen. Sobald die Creme beginnt zu gelieren, die steifgeschlagene Sahne unterheben. Torte mit Creme bestreichen.
3 - 4 Stunden in den Kühlschrank stellen.
6. Kurz vor dem Servieren Karambole in Scheiben schneiden. Torte mit Karambolescheiben, Pistazien und Schoko Dessert-Dekor verzieren.

Beheizung:	E-Herd: 190°
	Gas: Stufe 2 - 3
Backzeit:	ca. 20 - 25 Minuten

Kleine Geschenk-Päckchen
(ca. 28 Stück)

SAHNETEIG:

- *200 g Schlagsahne*
- *100 g Zucker*
- *1 Pä. Vanillezucker*
- *2 Btl. Rum-back*
- *4 Eier*
- *200 g Mehl Type 550*
- *1 Pä. Backpulver*

MÜRBETEIG:

- *100 g Mehl Type 550*
- *1 Btl. Citro-back*
- *1 Pr. Salz*
- *40 g Süße Mandeln gehackt*
- *40 g Zucker*
- *75 g Butter*
- *1 Eigelb*

AUSSERDEM:

- *125 g Himbeer-Konfitüre EXTRA*
- *150 g Weiße Kuvertüre*
- *150 g Vollmilch-Kuvertüre*
- *200 Feine Marzipan Rohmasse*
- *100 g Puderzucker*
- *1 Pckg. 4 Back & Speisefarben*

ODER WAHLWEISE FÜR DIE DEKORATION:

- *1 Pckg. Perlenzauber*
- *1 Pckg. Dekor Herzen*
- *1 Pckg. Dekor Blüten*
- *1 Pckg. Zuckerblümchen*
- *1 Pckg. Schoko Dekor Herzen*

1. Sahne steif schlagen. Zucker, Vanillezucker und Rum-back zufügen. Eier unterrühren. Mehl und Backpulver mischen und unterrühren.

2. Teig auf ein mit Backpapier ausgelegtes Backblech geben und glattstreichen. Im vorgeheizten Backofen backen. Vorsichtig auf ein mit Backpapier belegtes Kuchengitter stürzen. Abkühlen lassen.

3. Inzwischen Mehl, Citro-back, Salz, gehackte Mandeln, Zucker, Butter und Eigelb verkneten. Teig auf einer bemehlten Arbeitsfläche ausrollen und in 3 x 3 cm große Quadrate schneiden. Mürbeteig-Quadrate auf ein mit Backpapier belegtes Backblech legen und im vorgeheizten Backofen backen. Abkühlen lassen.

4. Sahneteigplatte halbieren. Eine Hälfte mit Himbeer-Konfitüre bestreichen, die andere Hälfte darauflegen. Platte in 3 x 3 cm große Quadrate schneiden. Nochmals mit Konfitüre bestreichen und die Mürbeteigquadrate daraufsetzen. Würfel umdrehen, so daß der Mürbeteig unten ist.

5. Kuvertüren getrennt nach Packungsanleitung schmelzen. Die Hälfte der Würfel mit weißer, den Rest mit Vollmilch-Kuvertüre überziehen. Einige Geschenkpäckchen mit Perlenzauber, Dekor Herzen, Dekor Blüten oder Zuckerblümchen bestreuen.

6. Für die Variante mit den Marzipanschleifchen die Kuvertüre fast fest werden lassen. Feine Marzipan Rohmasse mit Puderzucker verkneten. Je ein Drittel mit roter, grüner und gelber Speisefarbe einfärben. Getrennt zwischen zwei Gefrierbeuteln dünn ausrollen und in kleine Teigstreifen schneiden. Mit diesen die »Päckchen« schleifenartig verzieren.

Beheizung:	E-Herd: 200° Gas: Stufe 3
Backzeit:	
(Sahneteig)	17 - 20 Minuten
(Mürbeteig)	12 Minuten

TIP:

Anstelle von Marzipanschleifen können auch Schoko Dessert-Dekor und Gebäck-Schmuck (Silberperlen) verwendet werden.

Gewürz-Konfekt
(ca. 30 Stück)

MARZIPAN-MASSE:

200 g Feine Marzipan Rohmasse
100 g Puderzucker
1 gestr. TL Zimt
1 Btl. Rum-back
je 1/4 TL Muskat, Nelken und Koriander
etwas Puderzucker zum Verkneten

DEKORATION:

150 g Vollmilch-Kuvertüre
1 Pckg. Mocca-Bohnen

1. Feine Marzipan Rohmasse mit dem Puderzucker und allen Gewürzen auf die Arbeitsplatte geben und mit einem großen Messer zerhacken, dann schnell mit den Händen zusammenkneten.
2. Die Marzipanmasse etwa 1,5 cm dick ausrollen und mit einem Messer 2 x 2 cm große Quadrate schneiden.
3. Über Nacht trocknen lassen.
4. Für die Dekoration Kuvertüre nach Packungsanleitung auflösen und Pralinen damit überziehen. Mit Mocca-Bohnen verzieren.

Kokos-Schnecken
(ca. 35 Stück)

ZUTATEN:

50 g Kokosflocken
75 g Echte Belegkirschen rot
2 EL Zitronensaft
3 EL Himbeer-Konfitüre EXTRA
200 g Feine Marzipan Rohmasse
100 g Puderzucker
evtl. Wasser

DEKORATION:

1 Eiweiß
50 g Kokosflocken

1. Kokosflocken in einer beschichteten Pfanne rösten.
2. Belegkirschen fein hacken, mit Zitronensaft und mit den gerösteten Kokosflocken vermischen.
3. Himbeer Konfitüre erwärmen, durch ein Sieb streichen und mit der Kirsch-Kokosmasse vermischen.
4. Die Feine Marzipan Rohmasse mit dem Puderzucker verkneten, dabei evtl. ein paar Tropfen Wasser einarbeiten. Auf Puderzucker zu einer Platte ausrollen. Die Kokosmasse dünn darauf streichen.
5. Die Platte in 10 cm lange Streifen schneiden und von der Längsseite eng aufrollen. Kalt stellen.
6. Für die Dekoration die Marzipanrollen mit Eiweiß bestreichen, dick in Kokosflocken wälzen und in 1,5 cm breite Stücke schneiden.

Mozart-Kugeln
(ca. 32 Stück)

ZUTATEN:

1 Pckg. Nußnougat
200 g Feine Marzipan Rohmasse
100 g Puderzucker
1 Btl. Pistazien gehackt
1 Btl. Kirschwasser-back

DEKORATION:

100 g Halbbitter-Kuvertüre

1. Das kalte Nußnougat in kleine Würfel schneiden und schnell mit den Händen zu Kugeln formen. Kalt stellen.
2. Feine Marzipan Rohmasse mit Puderzucker, sehr fein gehackten Pistazien und Kirschwasser-back verkneten.
3. Eine Rolle formen und diese in so viele Stücke teilen, wie Nougatkugeln vorhanden sind. Die Stücke etwas breit drücken, die Nougatkugel in die Mitte legen, darüber das Marzipan zusammendrücken und zu einer Kugel formen.
4. Für die Dekoration Kuvertüre nach Packungsanleitung auflösen und die Pralinen hineintauchen. Trocknen lassen und in Pralinenkapseln setzen.

TIP:

Besonders hübsch sehen die Mozartkugeln mit etwas aufgeriebenem Blattgold aus.

Pistazien-Pralinen
(ca. 30 Stück)

ZUTATEN:

200 g Feine Marzipan Rohmasse
100 g Puderzucker
1 Btl. Citro-back
2 Btl. Pistazien gehackt
1 Eiweiß

DEKORATION:

50 g Halbbitter-Kuvertüre

1. Feine Marzipan Rohmasse grob zerkleinern, Pistazien im Mixer sehr fein mahlen. Beides mit Puderzucker, Citro-back und dem Eiweiß in eine Schüssel geben. Mit den Quirlen des Handrührers zu einer glatten Masse verrühren.
2. Masse in einen Spritzbeutel mit mittelgroßer gezackter Tülle füllen und kleine Rosetten auf ein, mit Backpapier ausgelegtes Blech spritzen. Über Nacht trocknen lassen.
3. Kuvertüre nach Packungsanleitung auflösen und mit einer kleinen selbstgefertigten Pergamentpapiertüte hauchfeine Streifen auf die Pralinen spritzen. Trocknen lassen und in Pralinenkapseln setzen.

Knusper-Schnecken
(ca. 35 Stück)

ZUTATEN:

200 g Feine Marzipan Rohmasse
100 g Puderzucker
evtl. Wasser
1 Pckg. Nußnougat
50 g Haselnuß Krokant

DEKORATION:

1 Eiweiß
1 Btl. Pistazien gehackt

1. Feine Marzipan Rohmasse mit dem Puderzucker verkneten, dabei evtl. ein paar Tropfen Wasser einarbeiten. Auf Puderzucker zu einer Platte von etwa 30 x 20 cm ausrollen.
2. Nußnougat im Wasserbad schmelzen, Haselnuß Krokant untermischen und auf die Platte streichen.
3. Die Platte quer halbieren und beide Teile jeweils von der breiteren Seite her aufrollen. Beide Rollen mit verquirlten Eiweiß bestreichen und in Pistazien wälzen.
4. In Alufolie rollen und im Tiefkühlfach etwa 2 Stunden anfrieren lassen.
5. Rollen in 1 1/2 cm breite Streifen schneiden und in Pralinenkapseln setzen.

Frucht-Konfekt
(ca. 30 Stück)

FRUCHT-MARZIPAN-MASSE:

100 g getrocknete Aprikosen
100 g entsteinte getrocknete Pflaumen
2 Btl. Rum-back
100 g Feine Marzipan Rohmasse
50 g Puderzucker
1 Btl. Rum-back

DEKORATION:

1 Eiweiß
100 g Streuzucker
1 Dose Dekor Schnee

1. Die Aprikosen und Pflaumen mit Rum-back beträufeln und über Nacht zugedeckt ziehen lassen.
2. Feine Marzipan Rohmasse mit Puderzucker und Rum-back verkneten und kleine Kugeln formen. Diese oval drücken und mit Hilfe von etwas Eiweiß zwischen zwei Aprikosen legen oder in die Pflaumen füllen.
3. In Zucker wälzen und mit Dekor Schnee bestreuen.

Haus-Freundchen
(ca. 35 Stück)

MÜRBETEIG:

125 g Weizenmehl
60 g Butter
50 g Zucker
50 g Süße Mandeln gemahlen
1 kleines Ei
1 Pr. Salz
1 Btl. Rum-back
200 g Feine Marzipan Rohmasse
100 g Puderzucker
4 EL Preiselbeer-Konfitüre
100 g Halbbitter-Kuvertüre
1 Pckg. Dekor Herzen
1 Pckg. Perlenzauber

1. Für den Teig alle Zutaten auf die Arbeitsfläche geben, mit einem großen Messer zerhacken, dann schnell mit den Händen verkneten. Eine Stunde in Folie gewickelt im Kühlschrank ruhen lassen.
2. Den Teig 3 - 4 mm dick ausrollen und Kreise von etwa 3 cm Durchmesser ausstechen. Auf ein mit Backpapier ausgelegtes Blech setzen und im vorgeheizten Backofen hellbraun backen.
3. Für die Füllung Feine Marzipan Rohmasse mit Puderzucker verkneten, auf Puderzucker ausrollen und Kreise von 4,5 cm ausstechen. Auf jedes Plätzchen etwas Preiselbeer-Konfitüre füllen, ein Marzipanplätzchen auflegen und sorgfältig festdrücken.
4. Für die Dekoration Kuvertüre nach Packungsanleitung auflösen. Plätzchen eintauchen und auf einem Kuchengitter gut abtropfen lassen. Jeweils auf die Hälfte der noch feuchten Pralinen Dekor Herzen und Mocca-Bohnen setzen. Erstarren lassen.

Beheizung:	E-Herd: 190° Gas Stufe 2 - 3
Backzeit:	ca. 10 Minuten

Ingwer-Pralinen
(ca. 35 Stück)

ZUTATEN:

100 g Früchte-Mix
25 g eingelegter oder kandierter Ingwer
200 g Feine Marzipan Rohmasse
100 g Puderzucker
1 Btl. Kirschwasser-back
100 g Weiße Kuvertüre
1 Pckg. Zuckerblümchen

1. Früchte-Mix und den Ingwer im Mixer sehr fein hacken. Dann mit Feiner Marzipan Rohmasse, Puderzucker und Kirschwasserback auf der Arbeitsplatte mit einem großen Messer zerhacken und schnell mit den Händen zusammenkneten.
2. Masse auf Puderzucker etwa 1 1/2 cm dick ausrollen und in Quadrate schneiden. Über Nacht trocknen lassen.
3. Kuvertüre nach Packungsanleitung auflösen, die Pralinen damit überziehen und mit Zuckerblümchen verzieren. Erstarren lassen und in Pralinenkapseln setzen.

Eigelb-Makronen
(ca. 30 Stück)

MAKRONENMASSE:

200 g Feine Marzipan Rohmasse
30 g Puderzucker
2 Eigelb
1 Pr. Salz
1 Btl. Citro-back

DEKORATION:

1 Pckg. Süße Mandeln gesplittert
1 Pckg. Pistazien gehackt
halbierte Haselnüsse
4 EL Kastanien-Honig

1. Feine Marzipan Rohmasse, Puderzucker, Eigelb, Salz und Citro-back zu einem glatten Teig verkneten. In einen Spritzbeutel mit Sterntülle füllen. Plätzchen auf ein mit Backpapier belegtes Backblech spritzen. Lochtülle vor die Sterntülle setzen. Weiteres Gebäck aufspritzen.
2. Für die Dekoration die Makronen mit Mandeln, Pistazien und Nüssen verzieren. Im vorgeheizten Backofen goldbraun backen. Heiß mit Honig bestreichen. Auskühlen lassen.

Beheizung: E-Herd: 200 - 225°C
Gas: Stufe 3 - 4
Backzeit: 5 - 7 Minuten

Elisen-Lebkuchen
(ca. 50 Stück)

LEBKUCHENTEIG:

200 g Feine Marzipan Rohmasse
250 g Zucker
5 Eiweiß
je 50 g Sukkade und Schwartau Orangeat
50 g Haselnüsse gemahlen
100 g Süße Mandeln gemahlen
100 g Weizenmehl (Type 1050)
je 1 Msp. Kardamon, Anis und Nelkenpulver
1 Btl. Orange-back
1/2 Btl. Citro-back
50 kleine runde Oblaten (Ø 5 cm)

DEKORATION:

4 - 5 EL Akazien-Honig
1 Pckg. Pistazien gehackt
1 Pckg. Süße Mandeln gesplittert
1 Dose Dekor Schnee

1. Feine Marzipan Rohmasse, Zucker und Eiweiß verrühren. Im Topf unter ständigem Rühren leicht erwärmen. Vom Herd nehmen und kalt rühren.
2. Sukkade und Orangeat fein hacken. Zusammen mit den restlichen Teigzutaten unter die Marzipanmassse kneten. Oblaten auf ein Backblech legen. Masse in einen Spritzbeutel füllen und auf die Oblaten spritzen. Dabei einen Rand von ca. 1/2 cm freilassen.
3. Lebkuchen ca. 15 Minuten antrocknen lassen. Dann im vorgeheizten Backofen backen. Auskühlen lassen.
4. Für die Dekoration Honig erwärmen und auf die Plätzchen streichen. Zum Schluß mit gehackten Pistazien und gesplitterten Mandeln belegen, und mit Dekor Schnee darüberstreuen.

Beheizung: E-Herd: 180 Grad
Gas: Stufe 2 - 3
Backzeit: ca. 10 Minuten

Florentiner (ca. 40 Stück)

MÜRBETEIG:

75 g Butter
50 g Zucker
200 g Weizenmehl (Type 550)
1 kleines Ei
1/2 Btl. Citro-back
1 Pr. Salz

NUSSMASSE:

je 2 EL Sukkade und Orangeat
75 g Butter
75 g Zucker
1 EL Tannenhonig
3 EL Schlagsahne
2 Btl. Citro-back
1 Pr. Salz
100 g Süße Mandeln gehobelt

DEKORATION:

wahlweise 150 g Halbbitter-, Vollmilch-Kuvertüre oder Weiße Kuvertüre

1. Teigzutaten glatt verkneten. In Klarsichtfolie wickeln und ca. 30 Minuten kaltstellen.
2. Auf einem mit Backpapier belegten Backblech dünn ausrollen, und im vorgeheizten Backofen hell backen. Ca. 10 Minuten auskühlen lassen.
3. Sukkade und Orangeat fein hacken. Butter, Zucker, Honig, Sahne, Salz und Citro-back im Topf bei starker Hitze kochen. Einmal umrühren. Bis die Masse goldgelb ist.
4. Mandeln, Sukkade und Orangeat schnell unterrühren. Ein breites Messer mit etwas Öl bepinseln. Masse damit schnell auf die Mürbeteigplatte streichen.
Im vorgeheizten Backofen backen.
5. Teigplatte 3 Minuten abkühlen lassen. Mit einem glatten Messer in Quadrate schneiden.
Auskühlen lassen.
6. Zum Schluß die Kuvertüre nach Packungsanleitung schmelzen. Florentiner zur Hälfte eintauchen.

Mürbeteig:
Beheizung: E-Herd: 180 Grad C
Gas: Stufe 2
Backzeit: 5 - 7 Minuten

Florentinermasse:
Beheizung: E-Herd: 180 Grad C
Gas: Stufe 2
Backzeit: ca. 10 Minuten

Knusper-Taler
(ca. 60 Stück)

NUßTEIG:

2 Eiweiß
100 g Raspelschokolade Vollmilch
200 g Zucker
1 Pä. Vanillezucker
1/2 TL Zimt
200 g Haselnüsse gemahlen

DEKORATION:

1 Pckg. Halbbitter-Kuvertüre

1. Eiweiß steif schlagen. Restliche Teigzutaten mit der Raspelschokolade mischen. Zugeben und zu einem glattenTeig verkneten.
2. Eine Arbeitsfläche mit Zucker bestreuen. Teig darauf zu einer Rolle formen. Ca. 2 Stunden kaltstellen.
3. Teigrolle in Scheiben schneiden. Auf ein mit Backpapier belegtes Backblech legen und im vorgeheizten Backofen backen. Auskühlen lassen.
4. Kuvertüre nach Packungsanleitung schmelzen. Plätzchen zur Hälfte eintauchen.

Beheizung:	E-Herd:	200 °C
	Gas:	Stufe 3
Backzeit:	ca. 15 Minuten	

Mandel-Spritzgebäck
(ca. 50 Stück)

ZUTATEN:

100 g Butter
40 g Puderzucker
1 Pr. Salz
1 Pä. Vanillezucker
1 Eigelb
1 EL Schlagsahne
120 g Weizenmehl (Type 550)

DEKORATION:

50 g Süße Mandeln gehobelt
50 g Vollmilch-Kuvertüre

1. Fett, Puderzucker und Salz, Vanillezucker und Eigelb mit dem Schneebesen des Handrührgerätes schaumig rühren, Sahne dabei zugeben. Mehl darübersieben und unterziehen.
2. Teig in einen Spritzbeutel mit kleiner Sterntülle füllen. Auf ein mit Backpapier belegtes Backblech runde Plätzchen spritzen. Gehobelte Mandeln daraufsetzen.
3. Im vorgeheizten Ofen goldgelb backen. Kuvertüre schmelzen. Dünne Streifen auf die erkalteten Plätzchen spritzen.

Beheizung: E-Herd: 190 °C
Gasherd: Stufe 2 - 3
Backzeit: ca. 10 Minuten

Aprikosen-Mandel-Stangen
(ca. 30 Stück)

MARZIPANMASSE:

75 g Orangeat
200 g Feine Marzipan Rohmasse
125 g Aprikosen-Konfitüre EXTRA
1 Doppel-Btl. Kirschwasser-back
150 g Süße Mandeln gehackt

DEKORATION:

1 Btl. Kuchenglasur dunkel
1 Btl. Kuchenglasur Haselnuß

1. Orangeat fein hacken. Mit Marzipan, Konfitüre und Kirschwasser-back zu einem glatten Teig verkneten. Masse in einen Spritzbeutel mit Lochtülle füllen.
2. Ein Backblech mit Backpapier auslegen. Mandeln auf einen flachen Teller geben. Marzipan vorsichtig in ca. 3 cm lange Streifen auf die Mandeln spritzen. In den Mandeln wälzen und auf das Backpapier legen und im vorgeheizten Backofen backen.
3. Abkühlen lassen. Beide Glasuren nach Packungsanleitung schmelzen. Mandelstangen je zur Hälfte in helle und dunkle Kuchenglasur tauchen.

Beheizung: E-Herd: 200° C
Gas: Stufe 3
Backzeit: 10 - 15 Minuten

Vanille-Kipferl
(ca. 50 Stück)

MÜRBETEIG:

300 g Mehl
100 g Süße Mandeln gemahlen
200 g kalte Butter
80 g Zucker
1 Pr. Salz
1 TL Zimt
2 Eigelb

DEKORATION:

2 Pä. Vanillezucker
100 g Zucker
1 Dose Dekor Schnee

1. Mehl und Mandeln mischen. Butter in Stückchen schneiden. Alle Teigzutaten zu einem glatten Mürbeteig verkneten. In Klarsichtfolie wickeln und ca. 30 Minuten kaltstellen.
2. Teig zu bleistiftdicken Rollen formen, in ca. 4 cm lange Streifen schneiden. Ecken etwas spitz rollen und biegen. Auf ein mit Backpapier belegtes Backblech legen und im vorgeheizten Backofen backen.
3. Für die Dekoration Vanillezucker, Zucker und Dekor Schnee in einer Schüssel mischen. Heiße Plätzchen sofort darin wenden. Auskühlen lassen.

Beheizung: E-Herd: 180°C
Gas: Stufe 2
Backzeit: ca. 10 - 12 Minuten

Marzipan-Röllchen
(ca. 40 Stück)

ZUTATEN:

75 g Butter
50 g Zucker
200 g Weizenmehl (Type 550)
1 kleines Ei
1 Btl. Orange-back
1 Pr. Salz

FÜLLUNG:

200 g Feine Marzipan Rohmasse
75 g Butter
75 g Zucker
2 Eigelb
75 g Speisestärke
1/2 Btl. Rum-Rosinen
40 g Süße Mandeln gehobelt
4 EL Orangenblüten-Honig

1. Aus den Teigzutaten einen glatten Mürbeteig kneten. In Klarsichtfolie wickeln. Ca. 30 Minuten kaltstellen.
2. Feine Marzipan Rohmasse, Fett und Zucker mit dem Schneebesen des Handrührgerätes glattrühren. Eigelb und Speisestärke nach und nach unterrühren, bis die Masse streichfähig ist.
3. Mürbeteig auf Backpapier dünn in zwei Streifen (ca. 12 cm breit) ausrollen. Marzipanmasse daraufstreichen. Mit Rum-Rosinen und Mandeln belegen. Von der langen Seite aufrollen. Ca. 1 Stunde anfrieren. In ca. 2 cm breite Stücke schneiden. Nicht zu eng auf ein mit Backpapier belegtes Backblech legen. Honig leicht erwärmen. Auf die Plätzchen streichen und goldgelb backen. Auskühlen lassen.

Beheizung: E-Herd 180°
Gas Stufe 2
Backzeit: ca. 12 minuten

Mocca-Sahne-Trüffel

(35 - 40 Stück)

TRÜFFELMASSE:

300 g Vollmilch-Kuvertüre
100 g süße Sahne
30 g Butter
30 g Kokosfett
3 - 4 EL Mozart Liqueur
1 - 2 TL Instant-Kaffee

DEKORATION:

50 g Kakaopulver
25 g Puderzucker
1 Pckg. Mocca-Bohnen
Konfektkapseln

1. Kuvertüre nach Packungsanleitung schmelzen.
2. Sahne aufkochen, von der Kochstelle nehmen, Butter und Kokosfett darin schmelzen. Mozart Liqueur und Instant-Kaffee einrühren, Kuvertüre mit der Sahnemasse cremig schlagen.
3. Ein Backblech mit Frischhaltefolie auslegen. Etwa eine Fläche von 25 x 20 cm mit Streifen aus Alufolie abgrenzen (etwa 2 cm in der Höhe). Trüffelmasse gleichmäßig verstreichen, mit Frischhaltefolie abdecken und im Kühlschrank etwa 24 Stunden stehen lassen.
4. Für die Dekoration Würfel von 1 x 1 cm schneiden und daraus Kugeln formen. Kakaopulver mit Puderzucker mischen, Kugeln darin wenden. Kugeln in eine Konfektkapsel setzen und in die Mitte eine Mocca-Bohne drücken. Kühl lagern.

ABWANDLUNG:

Mocca-Kugeln in Schokoladen Streuseln oder grobem Zucker wenden.

Weinbrand-Sahne-Trüffel

(35 Stück)

ZUTATEN:

300 g Weiße Kuvertüre
100 g süße Sahne
60 g Butter
40 g Kokosfett
2 - 3 EL Weinbrand

DEKORATION:

150 g Weiße Kuvertüre
Konfektkapseln

1. Kuvertüre nach Packungsanleitung schmelzen.
2. Sahne aufkochen, Butter und Kokosfett darin schmelzen. Mit der Kuvertüre und dem Weinbrand kräftig verrühren.
3. Ein Backblech mit Frischhaltefolie auslegen. Eine Fläche von 25 x 20 cm mit Streifen von Alufolie abgrenzen (etwa 2 cm Höhe). Trüffelmasse gleichmäßig verstreichen, mit Frischhaltefolie abdecken und im Kühlschrank etwa 24 Stunden stehen lassen.
4. Würfel von 1 x 1 cm schneiden und daraus Kugeln formen. Zum Überziehen weiße Kuvertüre nach Packungsanleitung schmelzen und auf 31° - 33° abkühlen.
5. Die Trüffel mit Hilfe einer Gabel eintauchen, auf einem Kuchengitter abtropfen und erkalten lassen.
In Konfektkapseln setzen.
Kühl lagern.

Mandel-Splitter

(20 Stück)

ZUTATEN:

100 g Vollmilch- oder Halbbitter-Kuvertüre
100 g Süße Mandeln gesplittert
2 - 3 EL Mozart Liqueur
Pralinenkapseln

1. Kuvertüre nach Packungsanleitung schmelzen. Mandeln mit Mozart Liqueur unterrühren.
2. Backblech mit Backpapier auslegen. Mit zwei Teelöffeln kleine Häufchen auf das Blech setzen und erstarren lassen. In Pralinenkapseln anrichten.

Kokos-Kugeln
(35 - 40 Stück)

ZUTATEN:

150 g Weiße Kuvertüre
1 Btl. Rum-back
50 g Kokosfett
100 g Kokosraspeln
Konfektkapseln

1. Die Kuvertüre nach Packungsanleitung schmelzen. Rum-back und Kokosfett einrühren. Kokosraspeln dazugeben.
2. Kleine Kugeln von 2 cm ø formen und in Konfektkapseln legen.

Schwarz-Weiß-Schnitten
(35 Stück)

ZUTATEN:

200 g Feine Marzipan Rohmasse
100 g Puderzucker
200 g Nußnougat
Puderzucker zum Ausrollen

1. Feine Marzipan Rohmasse mit gesiebtem Puderzucker gut verkneten. Die Masse halbieren und ein Stück auf Puderzucker 1/2 cm dick länglich ausrollen.
2. Nußnougatblock aus der Verpackung lösen und der Länge nach einmal durchschneiden. Je ein Stück Nußnougat auf eine Marzipanhälfte legen, von allen Seiten gleichmäßig einschlagen und andrücken.
3. Mit einem scharfen Messer etwa 1/2 cm dicke Scheiben abschneiden.

Krokant-Marzipan-Stäbchen
(60 Stück)

ZUTATEN:

100 g Haselnuß Krokant
50 g Puderzucker
200 g Feine Marzipan Rohmasse
3 EL Mozart Liqueur
1/2 TL Zimt

DEKORATION:

150 g Halbbitter-Kuvertüre

1. Haselnuß Krokant mit einem Nudelholz zerkleinern.
2. Puderzucker sieben, mit Marzipan Rohmasse, Mozart Liqueur, zerkleinertem Haselnuß Krokant und Zimt verkneten.
3. Masse etwa 1 cm dick ausrollen und in 4 x 1 cm große Stäbchen schneiden.
4. Für die Dekoration Kuvertüre nach Packungsanleitung schmelzen, 1/3 der Stäbchen eintauchen, abtropfen und erkalten lassen.

Register

Der grosse Tag
Feines für festliche Anlässe

Der Lenz ist da
Ostergebäck und Frühlingstorten

Gartenfeste
Ein Sonntag im Sommer

Kinderfest
Grosse Überraschungen für kleine Leckermäuler

Schneeflocken und Kerzenschein
Winterliche Festlichkeiten

Klein, aber fein
Plätzchen und süsse Überraschungen

UNIPART-VERLAG GMBH
Remseck bei Stuttgart, 1997

Sonderausgabe für
SCHWARTAUER WERKE GmbH & Co
23608 BAD SCHWARTAU

ISBN 3 8122 3760 1